EINLEITUNG:

Ein Ruf zum Lob

Lobe den Herrn, meine Seele,
und was in mir ist, seinen heiligen Namen!
Lobe den Herrn, meine Seele,
und vergiß nicht, was er dir Gutes getan hat!

CLAUS WESTERMANN

Der Psalter

CALWER VERLAG STUTTGART

CIP-Kurztitelaufnahme der Deutschen Bibliothek

Westermann, Claus:
Der Psalter / Claus Westermann. –
4. Aufl. – Stuttgart: Calwer Verlag, 1980
(Biblisches Seminar)
ISBN 3-7668-0239-9

ISBN 3-7668-0239-9

Vierte Auflage 1980

Gestaltung: Gerh. Kurt Hofmann
Satz und Druck: Druckhaus Schwaben GmbH & Co. KG, Stuttgart/Heilbronn

INHALTSVERZEICHNIS

Was ist das für ein Ruf? Ein Unbekannter, dessen Weltbild, Umgebung und Lebensstil uns unendlich fern sind, hat in diesen Worten einen Ruf erhoben, den er zunächst an sich selber richtet, der aber eine merkwürdige Kraft hat, ein Echo zu wecken in dem, der ihn hört: einen Ruf zum Lob des heiligen Namens. Es ist ein Eigenname, der Eigenname eines Gottes wie der irgendeines anderen Gottes irgendeiner anderen der vielen untergegangenen Religionen; es ist der Name Jahwe, der in diesem 103. wie in den anderen Psalmen angerufen wird, Psalmen einer fernen Religion, Ruf zum Lob eines uns fernen Gottes.

Und dennoch: wenn wir heute diese Worte lesen, wenn wir diesen Ruf zum Lob eines Gottes aus einer fernen Welt nachbuchstabieren, aus der fremden Sprache übersetzen, wenn wir uns in diesen Ruf hineinhören und wenn wir ihn mitsprechen oder mitsingen, dann stehen wir damit in einer Geschichte, die seit dem ersten Ertönen des Rufes aus dem Munde des unbekannten Mannes aus dem Volk Israel nicht abgebrochen ist.

Wir sollten hier einen Augenblick innehalten und staunen. Was ist das für ein Ruf? Es handelt sich nicht um geistiges Erbe, es handelt sich nicht um die konservative Kraft religiöser Riten; denn dieser Ruf zum Lob hat gerade die Grenzen und Schranken von Religionen durchbrochen. Wenn ein Mensch unserer Tage diesen Ruf, mit dem der 103. Psalm einsetzt, hört und versteht, wenn er ihn in sich aufnimmt und ihn nachspricht, dann geht darin etwas nicht mehr Erklärbares vor sich, das Wunder des Weitergehens dieses Rufes, der, einmal angehoben, nicht mehr zum Schweigen kommen kann.

Daß es so ist, kann in nichts anderem begründet sein als in dem, was des Psalm selbst, diesen Ruf begründend, sagt:

. . . und vergiß nicht, was er dir Gutes getan hat!

»Lobe den Herrn . . . und vergiß nicht!« Diese beiden Rufe meinen dasselbe. Deswegen hat der unbekannte Mann damals sich selbst zum

Lob gerufen, damit er nicht vergesse, was ihm Gott Gutes getan. In der Gleichsetzung »lobe — vergiß nicht« ist eine tiefe Erkenntnis ausgesprochen. *Allein* der Lobende vergißt nicht. Man kann von Gott sprechen und ihn doch längst vergessen haben. Man kann über Gott nachdenken und ihn doch längst vergessen haben. Das Vergessen Gottes, das Fortgehen von Gott fängt immer damit an, daß das Lob verstummt. Das Geheimnis des Gotteslobes ist die Kraft der Verbindung mit Gott, die ihm innewohnt; in ihm bleibt ein Mensch bei Gott. Diese Kraft der Verbindung mit Gott ist es, die den Ruf des 103. Psalms über die Jahrtausende in die Gegenwart eines heute lebenden Menschen zu tragen vermag.

Wir leben in einer Zeit, deren bezeichnendster und wohl auch wichtigster Zug die Schnelligkeit ist. Das Tempo des Verkehrs ist nur ein Zeichen für die Schnelligkeit von Entwicklungen technischer, geistiger, politischer Vorgänge, in die heute Menschen und Menschengruppen hineingerissen und mitgenommen werden. Der Schnelligkeit dieser Entwicklungen entspricht ein Ausmaß des Vergessens, das es so noch niemals in der Weltgeschichte gegeben hat. Weil ein Mensch in seinen Fähigkeiten des Aufnehmens und Verarbeitens von Eindrücken begrenzt ist, kann er auf das Übermaß schnell aufeinanderfolgender Eindrücke nur mit Vergessen reagieren. Ein Mensch, der in unserer Zeit mitleben, nicht trauernd vergangenen Zeiten nachhängen will, muß eine hohe Fähigkeit des Vergessens entwickeln. Um nur ein einziges Beispiel anzuführen: Wenn ein Mensch heute Zeitungen lesend am Geschehen der Zeit teilnehmen will, muß er vergessen können. Weil aber ein hohes Maß des Vergessenkönnens in unserer Zeit unvermeidlich ist, wächst die Gefahr, daß uns überhaupt die übergreifenden Zusammenhänge in unserem Leben verlorengehen.

In dieser Welt bekommt der Ruf, mit dem der 103. Psalm einsetzt, eine Bedeutung, die den Psalm mitten in unser gegenwärtiges Dasein und seine Probleme stellt. Im Ruf, nicht zu vergessen, was Gott ihm Gutes getan hat, hört ein Mensch unserer Tage die Erinnerung an den einen großen Tatbestand, der seinem Leben einen zusammenhängenden Sinn gibt. Im Ruf zum Lob eröffnet sich ihm die Teilnahme an dem einen Stetigen, das die schnell und hastig wechselnden Augenblicke genau so zu einem Ganzen fügen kann wie die Tage und Jahre des unbekannten Mannes in einer so anderen Welt.

Es ist die Höhen und Abgründe im Menschendasein verbindende, überbrückende Kraft, die im Gotteslob freudig, aufatmend, dankbar bejaht wird:

... der dir alle deine Sünden vergibt
und heilet alle deine Gebrechen;
der dein Leben vom Verderben erlöst,
der dich krönt mit Gnade und Barmherzigkeit.

Um diese Überbrückung geht es in den Psalmen, immer anders, immer neu, aber doch immer um dieses eine kreisend: das Menschsein in seinem mächtigen, schauerlichen und herrlichen Rhythmus von Verlorenheit und Rettung, von Hilfeschrei und Jubelruf, von Gebundenheit und Freiheit, von Lachen und Weinen. Tiefer aber und umfassender als diese Gegensätze ist der der Gottesnähe und der Gottesferne; die Abwendung von Gott, die Empörung gegen Gott, die Gleichgültigkeit gegen Gott kann von Gott her wieder heil werden: »der dir alle deine Sünden vergibt ...«

In einem starken, ohne alle Erklärungen sprechenden Bild rühmt der Psalm das Geheimnis dieser in die Gegensätze und Abstände des Menschenlebens Zusammenhänge bringenden Kraft: sie selbst umspannt so gewaltige Dimensionen, daß vor ihr die schroffsten Kontraste in einem Menschendasein gering werden:

Denn so hoch der Himmel über der Erde ist,
läßt er seine Gnade walten über die, die ihn fürchten;
so fern der Morgen ist vom Abend,
läßt er unsre Übertretungen von uns sein.

Wenn in diesem Bild die Wirkung der vergebenden Gnade Gottes in den beiden für die damalige Zeit weitesten Maßen der Erstreckung des Raumes gezeichnet wird, so müssen wir, um das Gemeinte recht zu verstehen, an die Dimensionen des Makro- und des Mikrokosmos denken, wie sie unserer Welt durch die Forschungen der Naturwissenschaftler erschlossen sind. Es handelt sich bei dem Gott, den die Psalmen loben, eben nicht um den Gottesbegriff einer religiösen Vorstellung; es handelt sich um den Herrn des großen Ganzen, um den Gebieter der kosmischen Dimensionen, der *als solcher* dem Leben eines einzelnen Menschen mit seinen Höhen und Abgründen Sinn und Zusammenhang zu geben vermag. Man muß die eben zitierten Worte einmal beim Aufsteigen eines Flugzeugs nachsprechen und sich mitten aus der Realität dieses Aufstiegs der Maschine in die Höhe der Wolken in den Worten des Psalms bergen, um in unserer Zeit zu spüren, was sie meinen.

Hinter diesen immer noch vorletzten Dimensionen erinnert der Psalm an das Letzte:

Denn er weiß, was für ein Gemächte wir sind;
er gedenkt daran, daß wir Staub sind.

Gott gedenkt daran, daß wir nur Staub sind. Gott vergißt nicht, wer wir sind und was wir sind. Seine alle Dimensionen überragende Güte wendet sich diesem Staubkorn zu; er hält den kleinen Menschen seiner Vergebung für wert; aber er vergißt dabei nicht, wem er seine Güte schenkt: der ewige Gott dem vergehenden, seinem Tod entgegengehenden Menschen.

Damit erst bekommt der Ruf des Psalms den tragenden Grundton seines Klanges: Vergiß nicht, du winziger Mensch, was dein kleines Leben mit den mächtigen Dimensionen der Ewigkeit verbindet; lobe, lobe mit allem, was du bist, das Hineinragen der Vatergüte des ewigen Gottes in dein Leben, so wie es nun einmal ist; denn irgendwo und irgendworin hat dein Leben teil an dem, was in diesem Psalm der Vergänglichkeit des Menschen entgegengesetzt wird:

Die Gnade aber des Herrn währt von Ewigkeit zu Ewigkeit
über die, die ihn fürchten,
und seine Gerechtigkeit auf Kindeskind.

Dies alles sollte uns angesichts der Kräfte, die der Menschengeist zu entbinden und zu beherrschen gelernt hat, und angesichts der Möglichkeiten rapider Weiterentwicklung der technischen Diener und Herren, der technischen Verheißungen und Bedrohungen lauter, deutlicher, lebendiger ansprechen als irgendeine Generation vorher. Das Lob des ewigen Gottes, der aus seinen Dimensionen in unser begrenztes Dasein seine Vatergüte hineinschenkt, wie entspricht es den Dimensionen, in denen unsere Generation sich zu bewegen, in denen sie zu denken gelernt hat! Der Ruf, nicht zu vergessen, was dem wirren Gefüge aus Organisation, menschlichen Leistungen und menschlichem Versagen seine große Linie, seinen Zusammenhang, seinen Sinn gibt –, wie braucht ihn unsere Zeit, und wie wartet sie insgeheim auf ihn!

DIE BEDEUTUNG DER PSALMEN IN DER BIBEL

Psalmen, Antworten auf Gottes Wort und Gottes Tun, erklingen durch die ganze Bibel, vom ersten Buch bis zum letzten. Aus der Schöpfungsgeschichte tönt das Lob des Schöpfers, und in der Offenbarung des Johannes ist das Lob des Vollenders der Widerhall der letzten Tat Gottes. Wo Gott handelt, muß es den Widerhall des Lobes geben. Darum bildet es einen Bestandteil des Berichtes von Gottes großen Taten: am Schilfmeer erhebt sich das Lied der Geretteten (2. Mose 15), den Sieg begleitet das Siegeslied (Ri 5), die getröstete Frau besingt die Wende ihres Leides (1. Sam 2), der König die Hilfe seines Gottes (2. Sam 22). Abgesehen von diesen Psalmen, die sich durch die Geschichtsbücher des Alten Testaments ziehen, besteht ein tiefer Zusammenhang zwischen Psalm und Geschichtsbericht: aus dem Lobbekenntnis, dem Lob der rettenden Tat Gottes, ist die frühe israelitische Geschichtserzählung erwachsen.

Die Antwort der Menschen, der Einzelnen wie des Gottesvolkes, auf Gottes Tun kann aber nicht nur im Lob bestehen; die von Gottes Schlägen Getroffenen, die von seinem Schweigen, seinem Abgewandtsein Geängsteten rufen zu ihm aus ihrer Not, sie schütten ihr Herz vor ihm aus, sie klagen ihm ihr Leid. Auch die Klagen begleiten den ganzen Weg Gottes mit seinem Volk, den die Bibel beschreibt, von den Klagen des Volkes in der Wüste und des einsamen Mittlers zwischen Gott und Volk über die Klagen des Elia, der Propheten und unter ihnen besonders des Jeremia, die Klagen des Volkes im Babylonischen Exil (Klagelieder) bis zu dem Weinen Jesu über Jerusalem und dem Schrei vom Kreuz.

Lob und Klage, wie sie auf diesem ganzen weiten Weg Gottes Tun wie ein Echo begleiten, sind die Grundklänge, die in gewaltigen Fugen und Variationen in den Psalmen des Psalters entfaltet werden. Diese Polarität von Lob und Klage ist eine andere als die uns aus unseren Gebeten geläufige von Bitte und Dank; der Schwingungsbogen zwischen den beiden Polen Klage und Lob ist ein weiterer und stärkerer als der zwischen Bitte und Dank. Dieser Unterschied hängt mit dem anderen nahe zusammen: in den Psalmen ist Singen und Beten, das in späterer Zeit immer mehr auseinandergetreten ist, noch eins; die Psalmen sind gesungene Gebete oder betendes Singen. Als Lieder sind sie gleichzeitig das, was wir eine Dichtung nennen. Dichtung zwar in einem anderen als dem modernen Sinn, aber doch geformtes, »gedichtetes« Wort. So vereinigen die Psalmen in sich noch drei für uns verschiedene Arten der Wortgestaltung, die sich im Laufe der Jahrtausende voneinander geschieden haben: Sie sind Gebet, d. h. flehend oder jubelnd an Gott gerichtetes Wort; sie sind Dichtung, d. h. dichterisch geformtes Wort; und sie sind Lied, d. h. sie ragen über das Sprechen, auch das Rezitieren einer Dichtung hinaus in die Musik hinein. In dieser Einheit von Gebet, Dichtung und Lied gehören sie einer Welt an, die nicht mehr unsere Welt ist, und vieles an ihnen werden wir nie ganz verstehen, nie ganz nachempfinden können. Aber gerade in dieser Fremdheit sprechen sie aus ihrer Ferne eine Sprache, die für jede Zeit ihre Gültigkeit besitzt, die in jeder Zeit neu gehört werden kann. Die Psalmen sind unerschöpflich. Es ist eine vielfach bemerkte Tatsache, daß die Psalmen in den Erschütterungen der letzten Jahrzehnte an vielen sehr verschiedenen Orten und von vielen sehr verschiedenen Menschen ganz neu entdeckt wurden. Sie alle fanden hier etwas, woraus unser oft schwach und blaß gewordenes Gebet erneuert werden kann: die Unmittelbarkeit des Redens zu Gott, das die Wirklichkeit in ihrer ganzen Weite, Tiefe und Härte mit dem Gott in Verbindung bringt, der der Frommen und der Gottlosen Herr ist, der Gott der Abgründe und der Gott der Höhen, der Herr der Schöpfung und der Herr der Geschichte.

WIE SIND DIE PSALMEN ENTSTANDEN?

Auf diese Frage wurde in der neueren Psalmenforschung eine Antwort gefunden, die einer Entdeckung gleichkam und eine umwälzende, die Arbeit an den Psalmen bis heute bestimmende Bedeutung hatte:

Nachdem man die Angaben in den Psalmenüberschriften »Ein Psalm Davids . . .« bis in das vorige Jahrhundert für eine Bezeichnung des Verfassers gehalten und damit unbewußt unsere Vorstellung vom Entstehen eines Gedichtes auf das Entstehen der Psalmen übertragen hatte, zwang ein neues Verstehen der Lebensformen des israelitischen Volkes zu einer ganz neuen Sicht. Die Psalmen sind nicht entstanden, wie Literatur entsteht, sondern sie sind aus dem Gottesdienst Israels erwachsen als ein Wesensbestandteil dieses Gottesdienstes in seinen vielfältigen Formen. Die Psalmen sind — so seltsam uns das zunächst klingt — nicht zuerst geschrieben und dann gesungen worden, sondern umgekehrt. Die allermeisten Psalmen sind sehr lange gesungen und gebetet worden, bevor sie aufgeschrieben wurden. Die sie aufschrieben, waren nicht ihre Dichter, sondern ihre Sammler. Das aufschreibende Sammeln der Psalmen ist in sich ein sehr wichtiger, bedeutsamer Vorgang, aber der Vorgang eines späteren Stadiums; er setzt langes, reiches und vielfältiges Leben der Psalmen in der mündlichen Überlieferung schon voraus.

Wie aber haben wir es uns vorzustellen, daß die Psalmen im Gottesdienst entstanden? Der Gottesdienst, in dem die Psalmen entstanden und lebten, ist darin wesentlich unterschieden von dem, was in unserer Welt Gottesdienst ist, daß er die selbstverständliche und unbestrittene Mitte des Lebens der ganzen Gemeinschaft war. Er war nicht ein Ort der Zusammenkunft religiös Interessierter, sondern das Herz, in dem, durch das das Leben aller pulsiert. Darum war sein wichtigstes Kennzeichen dies, daß alles im Volk und im Leben des Einzelnen Geschehende irgendwo und irgendwie notwendig den Gottesdienst berührte. Eine große Not des Volkes, eine Dürre oder eine Bedrohung, eine Niederlage oder eine Seuche *mußte* in Klage und Flehen vor Gott gebracht werden (aus diesem Vor-Gott-Bringen der großen Nöte entstand die »Klage des Volkes«); war dem Volk ein Sieg geschenkt, war es von seinen Feinden befreit, hatte eine drohende Gefahr sich gewendet, war ihm eine reiche Ernte beschert worden, so *mußte* Gott darüber gelobt werden (so entstand das Danklied oder das berichtende Lob des Volkes). Genau dasselbe aber gilt für das Leben des Einzelnen: Auch hier geschah dies notwendig und selbstverständlich, daß die Höhen und Tiefen, daß Angst und Errettung gegenüber Gott erfahren wurden und daher die Reaktion der Klage und des Flehens bzw. die des Lobes erweckten (das spiegeln die Klage- und die Lobpsalmen des Einzelnen).

Auch in der Zeit, als die Psalmen gesammelt wurden, verstand man ihre Entstehung unmittelbar aus der Erfahrung einer Not oder Errettung; das zeigen die den Psalmen bei der Sammlung hinzugefügten Überschriften: Ps 3, 1: »Ein Psalm Davids, als er vor seinem Sohn Absalom floh«, und 18, 1: »Von David, dem Knecht des Herrn, der dem Herrn die Worte dieses Liedes sang zur Zeit, als der Herr ihn aus der Hand aller seiner Feinde und aus der Hand Sauls errettet hatte«, und so noch oft. Auch wenn diese Überschriften den Psalmen erst nachträglich, bei ihrer Sammlung, z. T. wohl Jahrhunderte nach ihrer Entstehung, gegeben wurden, so sind sie doch ein wichtiges Zeugnis dafür, daß man noch in so später Zeit das Wissen um diese Entstehung des Psalms bewahrt hatte.

Die Ereignisse, von denen eben die Rede war, in denen und aus denen heraus ein Psalm entstand, spielen sich allerdings alle nicht direkt im Gottesdienst ab; sie sind alle Ereignisse im Leben des Einzelnen und des Volkes, deren Schauplatz Acker oder Schlachtfeld, Wüste oder Wohnung, Krankenbett oder Straße sind. Dennoch ist der Ort des Entstehens der Psalmen der Gottesdienst. Darin eben ist Gottesdienst im alten Israel etwas anderes, als was wir darunter verstehen: so sehr ist er die Mitte allen Lebens, daß der Schauplatz jener Ereignisse, aus denen ein Psalm entstand, dem Schauplatz des Gottesdienstes ganz nahe, ganz fest und streng auf ihn bezogen ist. Manchmal ist uns erzählt, daß ein Mensch, um sein Herz auszuschütten, in den Tempel geht, etwa von der Mutter des Samuel (1. Sam 1), oder die bewegende Szene Jes 37, 14 f., die uns in besonders eindringlicher Weise die Nähe von Gottesdienst und Leben damals zeigt: Der König Hiskia bekommt vom Feldherrn des Gegners einen Brief, der nach menschlichem Ermessen den Untergang Jerusalems bedeutet:

Als Hiskia den Brief aus der Hand des Boten
empfangen und gelesen hatte,
ging er hinauf in das Haus des Herrn
und breitete ihn vor dem Herrn aus
Und Hiskia flehte zu dem Herrn ...

Aber nicht immer ist es möglich, das Flehen zu Gott an die heilige Stätte zu bringen: der Kranke betet auf seinem Lager, der Gefangene in seinem Gefängnis; das Siegeslied erhebt sich unmittelbar auf dem Kampfplatz, und »man singt vom Sieg in den Hütten der Gerechten«. Der heilige Ort, der Tempel, ist in der frühen Zeit nicht so streng abgesondert von dem Land, aus dem man zu ihm kommt, daß Gottesdienst in einem weiteren Sinn nur auf seinem Platz möglich wäre; er hat seine Kraft und Bedeutung gerade in seinem Ausstrahlen auf das ganze Land, das ja Gottes Land ist.

Auch die gottesdienstliche Zeit dürfen wir nicht von unseren Begriffen her verstehen. Die großen Feste, Höhepunkte des Jahres, sind nicht etwa im ausschließenden Sinn Zeiten des Gottesdienstes, sondern ganz im Gegenteil: als besondere Zeiten sind sie Zeichen dafür, daß die Zeit in ihrem gesamten Ablauf von Gott her und zu Gott hin ist, und daß es keinen Tag im Jahr geben kann, der nicht irgendwie gottesdienstlichen Charakter hätte. Das Gebet, das Flehen zu Gott und das Loben Gottes bestimmen das ganze Dasein so, daß es unmöglich wäre, sie auf bestimmte Tage und Stunden einzuschränken. So wird uns denn durch das ganze Alte Testament immer wieder erzählt, wie Festzeit und Alltag einander berühren und zueinander gehören; wie zu jeder Zeit Worte des Dankes und Worte des Vertrauens, Worte des Zagens und Worte der Freude zu Gott gerichtet werden; wir hören, wie in einem Streit Gott als Zeuge angerufen oder an ihn als den Richter appelliert wird; wie ein Gelübde gesprochen oder ein Segen erteilt wird: das ganze Leben ist durchsetzt von Gottesdienst.

Nur in der Mitte — zeitlich und örtlich — dieses vielfältigen, reichen und gar nicht begrenzbaren gottesdienstlichen Geschehens im weiteren Sinn ist im alten Israel der Gottesdienst am bestimmten Ort und zu festgesetzter Zeit als der Ort, an dem die Psalmen entstanden, zu verstehen. Hier war die sammelnde Mitte, in der diese ganze Fülle des Redens zu Gott seine feste Form bekam, in der in einer erstaunlichen Weise die Breite der vielen tausend Stimmen einstimmig wurde, in der die Tiefe der Zeiten, der einander folgenden Generationen bei allem Wandel der Sprache, der Anschauungen, der Gemeinschaftsformen auf *einem* Wege gehalten wurde; einem Weg der Tradition, die am Ende den Psalter entstehen ließ, wie er uns überliefert ist und wie er heute noch, in einer so durchgreifend veränderten Welt, zu Worte kommt.

Jeder einzelne der Psalmen, die uns in diesem Buch überliefert sind, muß aus dieser Entstehungsgeschichte heraus gehört werden: aus einer langen und breiten Vorgeschichte, an deren Ende erst der schriftlich fixierte, in die Sammlung aufgenommene Psalm steht. Von vielen, sehr verschiedenen und sehr verschiedenartigen Menschen wurde er gebetet, gesungen, gesprochen und nahm erst im Sammelpunkt dieser vielen Stimmen, im Gottesdienst, seine für alle gültige und allen zugängliche Form an. Dieser Prozeß der gottesdienstlichen Formung des Psalms aber umfaßt viele Generationen, in denen er wiederum in der sammelnden Mitte, im Gottesdienst, weitergegeben wurde von den Vätern zu den Söhnen durch die Jahrhunderte.

Bisher wurden nur Lob- und Klagepsalmen erwähnt. Daneben gibt es u. a. sogenannte Liturgien, d. h. Psalmen, die die Verbindung von Wort und Handlung als gottesdienstliches Geschehen erkennen lassen (z. B. Ps 24). Es ist bei keinem dieser liturgischen Psalmen bisher eindeutig gelungen, Gang und Ordnung eines Festes in seinem ganzen Ablauf daraus zu erkennen. Es sind eben doch keine vollständigen Liturgien, sondern direkt oder indirekt Bestandteil oder auch nur Reflex eines Festes. Als Psalmen, d. h. Lieder oder Gebete der Gemeinde, sind sie in der Tradition so sehr verselbständigt worden, daß das Fest, von dem sie herkommen, nur noch in ihnen angedeutet, nicht aber direkt dargestellt ist.

Die Entstehung der Psalmen im Gottesdienst Israels bedeutet nicht eine Beschränkung auf den Raum des Tempels, die Zeit der festgesetzten gottesdienstlichen Handlungen, den Menschenkreis der Kultdiener und Leviten; die Psalmen stellen einen wesentlichen Teil des Gesamtlebens des Volkes dar, aus dem sie erwuchsen.

DIE SAMMLUNG DER PSALMEN

Für unser Lesen und Verstehen der Psalmen ist es eine große Erschwerung, daß die Folge der 150 Psalmen aufeinander so ganz ohne sachliche Ordnung ist; scheinbar zufällig folgt ein Psalm auf den anderen. Auch das ist begründet in dem vielgestaltigen, jahrhundertealten Wachstum des Psalters. Es ist uns unmöglich zu verfolgen, wie diese Sammlung im einzelnen zustande kam; deswegen erscheint uns das Ergebnis so kraus und ungeordnet. Daß ganz am Anfang der Sammlertätigkeit einmal eine sinnvolle, sachliche Ordnung gestanden haben muß, zeigt z. B. noch die kleine Sammlung der Klagelieder Jeremias (Threni), die nur eine Art von Psalmen enthält.

Ganz ähnlich wie unsere heutigen Gesangbücher ist der Psalter allmählich aus kleinen Sammlungen zusammengewachsen. Die späteste Einteilung ist die in fünf Bücher (Ps 1—41; 42—72; 73—89; 90—106; 107—150). Sie ist an der Schlußdoxologie[1] am Ende jedes dieser Bücher zu erkennen; der 150. Psalm ist als Schlußdoxologie des letzten Buches und zugleich des ganzen Psalters gemeint. Diese Einteilung ist aber ganz

[1] »Doxologie« stammt aus dem Griechischen und heißt »Lobpreis«.

formal und künstlich — vielleicht wollte man die gleiche Einteilung in fünf Bücher wie beim Pentateuch[1] haben. Sie deckt sich nur teilweise mit den älteren Sammlungen, die man noch erkennen kann. Dabei können wir mittlere und kleine Sammlungen unterscheiden.

Mittlere Sammlungen: Ps 3—41, eine Sammlung von Psalmen, die alle David zugeschrieben sind. Außer der Überschrift haben sie auch inhaltlich ein gemeinsames Merkmal: sie alle sind Psalmen des Einzelnen. Ps 42—83, der sogenannte elohistische Psalter, ist daran als ehemals selbständige Sammlung zu erkennen, daß in ihm ganz überwiegend der Jahwe-Name (in der Lutherbibel: »Herr») durch Elohim (»Gott«) ersetzt wurde. Ps 84—90 ist ein Anhang zu dieser Sammlung. Nur in 42—89 sind kleinere Sammlungen nach Sängergilden (Asaph, Korah) benannt.

90—106 und 107—150 waren keine selbständigen Sammlungen; zwischen 90 und 150 läßt sich eine Reihe kleiner Sammlungen erkennen.

Kleine Sammlungen: Bei den Davidpsalmen 3—41 sind kleinere Sammlungen nicht mehr zu erkennen. Im II. Buch: 42—49: Korahpsalmen. Es sind großenteils Psalmen des Volkes. 51—71: Davidpsalmen. Hier ist das Entstehen der Sammlung noch deutlich zu erkennen: 51—59 sind Klagen des Einzelnen, in denen die Feindklage besonders heraustritt. An diese geschlossene Sammlung fügte man verschiedene Anhänge: eine Volksklage (60), vier Mischpsalmen (61—64) und als Schluß die Lobpsalmen 65—66 (Ps 66 besteht aus zwei oder drei Psalmen!) mit einem Segenspsalm 67. Mit diesem Segenspsalm als Abschluß hat die Sammlung längere Zeit bestanden. Daran wurden später noch weitere Anhänge gefügt (68—71).

Im III. Psalmbuch, 73—89, ist das Vorherrschen der Psalmen des Volkes unverkennbar. Fast alle sind sie Sängergilden zugeschrieben. Die meisten Klagen des Volkes, die der Psalter enthält, begegnen in dieser Sammlung (74; 79; 80; 83; 89). Nimmt man hinzu, daß alle Zionslieder (46; 48; 84; 87) Korahpsalmen sind, so weist dies darauf hin, daß die Grundsammlungen, aus denen der Psalter entstand, sachlich zusammengehörige Psalmen enthielten.

IV. und V. Psalmbuch: Am Anfang heben sich zwei Gruppen heraus: die sogenannten Thronbesteigungspsalmen 93—99 (ohne 94) mit 100 als Schluß, und die Lobpsalmen 103—107. Zu einer Sammlung ge-

[1] »Pentateuch« ist die griechische Bezeichnung der fünf Bücher Mose.

hörten wahrscheinlich einmal zusammen Ps 111—118 mit 135—136, die Hallelujapsalmen. Sie wurden später getrennt durch die Zwischenfügung einer ganz geschlossenen Sammlung, hier kann man sagen: eines Psalmbüchleins, der Wallfahrtslieder Ps 120 bis 134. Ps 119 und 137 wurden als Einzelpsalmen angehängt, beide gehörten vorher keiner Sammlung an. Sie fallen in ihrer Art auch so ganz aus ihrer Umgebung heraus, daß es sehr verständlich ist, wenn sie nur als Einzelgänger, als einzelne Anhänge in den Psalter aufgenommen wurden (Ps 137 ist kein gottesdienstliches Lied, sondern, wie wir sagen würden, ein Volkslied; Ps 119 ist auch nicht eigentlich ein Psalm, sondern ein großes erbauliches Gedicht, nach dem Alphabet aufgebaut und ungefähr alle Redeformen des Psalters in sich vereinend).

Die Psalmen in dem kleinen Liederbüchlein 120—134 haben alle die Überschrift »Ein Wallfahrtslied« (dies ist die wahrscheinliche Bedeutung — Luther: »Ein Lied im höhern Chor«). Die hier zusammengefaßten Lieder sind sehr verschiedenartig, es sind aber fast durchweg Lieder der Gemeinde. Allein in diese Sammlung sind reine Weisheitssprüche aufgenommen (127 AB, 133), nur hier begegnen Loblieder des Volkes (124; 129). Ihre Schlußdoxologie ist Ps 134. Auch der kurze 117. Psalm war wohl einmal nur als Schlußdoxologie gedacht, vielleicht von 111—116, so daß 118 ein Anhang wäre. Doch läßt sich das nicht mehr sicher erkennen.

138—145 ist eine kleine Sammlung von Davidpsalmen, in ihrer Mitte die formal und sachlich ganz einheitliche Gruppe von Klagen des Einzelnen 140—143. Am Schluß noch einmal eine Gruppe von Lobpsalmen, die Hallelujapsalmen 146—150.

Wenn wir bei der Erklärung der Psalmen nach sachlich geordneten Gruppen vorgehen, so folgen wir darin der Sammlung der Psalmen in einem früheren Stadium, in dem die Zusammenstellung gleichartiger Psalmen noch zu erkennen ist. Erst später wurde diese Ordnung durch Anhänge, Verbindungen und Trennungen verwischt.

ÜBERSCHRIFTEN UND BEISCHRIFTEN

Die Überschriften gehören nicht in die Zeit der Entstehung, sondern in die Zeit der Sammlung der Psalmen. Ähnlich wie in unseren Gesangbüchern sind den einzelnen Liedern am Anfang oder Schluß Bemerkungen über Entstehung, Art des Singens u. ä. beigefügt, aber nicht von den Dichtern der Lieder, sondern von denen, die das Gesangbuch zusammenstellten. Dies ist heute ganz allgemeine Überzeugung, wenn auch im einzelnen das meiste an diesen Überschriften und Beischriften dunkel ist. Für den heutigen Leser der Psalmen ist eigentlich nur wichtig, daß er sich an diese Tatsache hält: *Alle* Psalmen haben eine lange, meist sehr lange Zeit ganz ohne Überschrift in der Gemeinde gelebt; man kann daher von den Überschriften nur auf die Zeit der Sammlung und ihr Verständnis der Psalmen schließen.

Viele Psalmen sind einer Person oder Gruppe zugeschrieben: 73 dem David, je 12 den Korahsöhnen und Asaph, zwei dem Salomo, einer dem Mose. Daß ein großer Teil der Psalmen dem König David zugeschrieben wurde, ist durchaus verständlich und in der geschichtlichen Überlieferung begründet. Die Psalmen aber sind ihrem Wesen nach anonym entstanden. Erst in einer Zeit, als es ein Bedürfnis wurde, das Überlieferte einem Großen der Geschichte Israels zuzuschreiben, entstanden die Überschriften. Entsprechend wurden die Sprüche dem König Salomo zugeschrieben. Daß David wirklich ein Sänger war und Lieder dichtete, ist nicht zu bezweifeln. Ob einer der ihm zugeschriebenen Psalmen (etwa der 18.) auf ihn zurückgeht, können wir nicht mehr erkennen.

Anders ist es bei den Psalmen, die Sängergilden zugeschrieben werden. Die Namen dieser Sängergilden begegnen im Chronikwerk. Ihre Aufgabe war das Tradieren und Weiterbilden des Tempelgesanges. Es ist durchaus wahrscheinlich, daß bestimmte Psalmengruppen der Tradition bestimmter Sängergilden zugehörten. Wie weit diese Tempelsänger ältere und sehr alte Psalmen übernahmen, können wir nicht mehr sagen.

Die verschiedenen Psalmenbezeichnungen sind im allgemeinen in ihrer Bedeutung klar: Psalm, Lied, Lobpreis, Gebet, Lehrlied (?); aber ihre Zuordnung zu bestimmten Psalmengruppen läßt sich nicht immer sicher erkennen. Die beiden Bezeichnungen »miktam« (16; 56—60; Luther übersetzt: »Ein gülden Kleinod«) und »šiggajôn« (7; Luther: »Unschuld«) sind nicht gedeutet.

Die musikalischen Bezeichnungen: Am häufigsten lămᵉnăṣṣe~ḥ, gewöhnlich übersetzt »dem Musikmeister«, ist nicht erklärt; vielleicht »von dem Hervorragenden, Ausgezeichneten«. Ein Ausleger übersetzt es »zur Gnädigstimmung«. Das manchmal am Ende einer Zeile begegnende sälâ ist Hinweis auf einen Zwischengesang, ein Responsorium des Chores, der an dieser Stelle die Worte Ps 136, 1 sang. Die Bemerkungen am Anfang von Ps 6; 22; 46; 56 sind vielleicht als Angabe der Singweise gemeint. Aber das, sowie die Einzelbedeutung, ist ganz unsicher.

Wenn anerkannt ist, daß alle diese Beischriften erst der Zeit der Sammlung der Psalmen angehören, wird das Verstehen der betreffenden Psalmen dadurch nicht beeinträchtigt, daß wir diese hinzugesetzten Bemerkungen nicht mehr in ihrem Sinn bestimmen können. Bei einigen wenigen Psalmen ist angegeben, wozu sie gehören: zur Tempelweihe (30), zum Sabbat (92), zum Lobopfer (100); manche dieser Angaben sind nicht verständlich (»zum Gedenken«? 38, 1; 70, 1), andere zeigen eine sehr späte gottesdienstliche Verwendung des betreffenden Psalms an. Nur einmal stimmt die Überschrift ganz mit dem Psalm überein: 102: »Gebet eines Elenden, wenn er dahinschmachtet und vor Jahwe seine Sorge ausschüttet«.

ZUR FORM DER PSALMENDICHTUNG

Erst Herder („Vom Geist der ebräischen Poesie", 1782 f.) fand in den Psalmen die Form der Dichtung wieder, die so lange unter der einebnenden Sicht der ganzen Bibel als Lehre verborgen geblieben war. Bald danach wurde die Eigenart der Dichtung in Israel, der Satzrhythmus, entdeckt, den man gewöhnlich mit einem lateinischen Fachausdruck „parallelismus membrorum" (Parallelismus der Glieder) nennt. Dieser Satzrhythmus ist dem Schwingen einer Schaukel vergleichbar; zwei Sätze sind einander eng zugeordnet, die einander gleichen, einander ergänzen oder einander entgegengesetzt sind. Diese drei Arten des Satzrhythmus nennt man a) synonymer, b) synthetischer, c) antithetischer Parallelismus. Beispiele dafür sind:

a) *Lobe den Herrn, meine Seele,*
und was in mir ist, seinen heiligen Namen! (Ps 103, 1);

b) *Lobe den Herrn, meine Seele,*
und vergiß nicht, was er dir Gutes getan hat! (Ps 103, 2);

c) *Der Ungerechte ist immer voll Gier,*
der Gerechte gibt und hält nicht zurück (Spr 21, 26).

Dies sind nur die wichtigsten Formen des Satzrhythmus; es gibt auch Sätze mit drei parallelen Gliedern und noch andere Arten des Parallelismus. Eine besonders kunstvolle Form zeigt sich z. B. im 93. Psalm, in dem eine Steigerung durch Wiederholung eines Satzgliedes zum Ausdruck gebracht wird:

Es erhoben Ströme, Jahwe,
Ströme erhoben ihre Stimme,
es erhoben Ströme ihr Brausen . . .

Die Sätze, die so miteinander einen Rhythmus bilden, sind wiederum in sich rhythmisch gegliedert. Es handelt sich dabei nicht eigentlich um ein Metrum (Versmaß); es ist kein den Sätzen von außen angelegtes metrisches Schema wie in der lateinischen und griechischen Dichtung. Vielmehr ergibt sich dieser Rhythmus aus der Art der Sätze. Zwei Sätze, die im Parallelismus stehen, können z. B. — und das ist besonders häufig der Fall — je drei Hebungen enthalten. In dem obigen Beispiel a) und b) ist ein solcher Dreier auch in der deutschen Übersetzung ohne Schwierigkeit zu erkennen: Lóbe den Hérrn, meine Séele . . . Auch der zweite Halbvers ist im Hebräischen ein Satz mit drei Hebungen, nur zeigt das hier die deutsche Übersetzung nicht so deutlich. — Es gibt noch zwei solcher gleichmäßiger Rhythmen: 2:2 und 4:4. Ein Beispiel für den Rhythmus 2:2 ist Ps 113, 5 f.:

Der in der Höhe thront   der in die Tiefe sieht;

für den Rhythmus 4:4 Ps 103, 10:

Nicht nach unsern Sünden handelt er an uns,
und nicht nach unsern Vergehen vergilt er uns.

Daneben gibt es die ungleichmäßigen Rhythmen 3:2 oder 4:3 und die dreigliedrigen 2:2:2 und 3:3:3. Einen eigenartigen Rhythmus hat der Klagevers 3:2, z. B. Amos 5, 1:

Gefallen ist, nicht steht wieder auf   die Jungfrau Israel.

Dieser Rhythmus, sowohl der zweier Sätze wie der innerhalb der einzelnen Sätze, wechselt in einem und demselben Psalm häufig; fast nie ist ein Psalm rhythmisch ganz gleichmäßig gebaut (also etwa von Anfang bis Ende 3:3). Das entspricht durchaus dem lebendigen Sprechen, das sich auch als ein in Rhythmen gebundenes Sprechen nicht in ein Schema pressen läßt. Diese Form der Dichtung ist denn auch der gewöhnlichen Sprache viel näher; der Rhythmus ist nicht künstlich, sondern natürlich. Der Übergang von Prosa zu Poesie bleibt hier schwebend. Manchmal kann die Erzählung in rhythmische Form übergehen (z. B. 1. Mose 3, 14 ff.), manchmal können in einem Gedicht einige Worte oder ganze Sätze in Prosa stehen.

Wenn in der hebräischen Sprache, ebenso wie in den benachbarten semitischen Sprachen, nicht Worte oder Silben, sondern Sätze gereimt werden, und zwar nicht nach dem Klang, aber auch nicht nach der Zahl der Wörter, sondern nach dem Sinn der Sätze, so ist darin noch die Erinnerung lebendig, daß alle menschliche Sprache ja eigentlich nicht aus Wörtern, sondern aus Sätzen gebildet ist. Nicht das Einzelwort, sondern der Satz ist die Grundeinheit der menschlichen Sprache; von da aus ist der Satzrhythmus (Satzreim) oder parallelismus membrorum zu verstehen.

DIE ARTEN UND GATTUNGEN DER PSALMEN

Klage und Lob bestimmen als die beiden beherrschenden Grundtöne die Psalmen Israels. Auch wenn die Psalmen ihren „Sitz im Leben" im Gottesdienst haben und aus dem Gottesdienst entstanden, so sind die Klagen der Psalmen doch wirkliche, menschliche Klagen, und das Loben der Psalmen ist zu Wort kommende Freude wirklicher Menschen, jubelndes Echo auf des großen Gottes großes Tun in seiner ganzen Weite und Fülle. Bis in die Festliturgien und Weisheitspsalmen hinein sind die Worte der Psalmen in erster Linie personale Worte, von einem Ich an ein Du gerichtet, erst in zweiter Linie in sich heilige Worte, die, indem sie rezitiert werden, ein heiliges Geschehen darstellen.

So spiegelt sich denn in den Psalmen das Leben des Menschen und des Volkes in all seiner Vielfalt, in seinen Tiefen und in seinen Höhen, in der ganzen Weite ihrer Umwelt zwischen dem Meer und den Bergen, mit Bäumen, Tieren und Feldern; in der ganzen Erstreckung ihrer Geschichte zwischen der Schöpfung und der Zukunft Gottes, wenn er kommt, das Erdreich zu richten. Aber einen ebenso wichtigen Platz hat in den Psalmen das Leben des einzelnen Menschen mit seiner Freude und seiner Qual zwischen Geburt und Tod, mit Arbeit und Festen, mit Schlaf und Erwachen, Krankheit und Genesung, Verfehlung, Angst und Vertrauen, Anfechtung und Trost, mit dem schweren Problem des Lebens zwischen den Frevlern, denen der Fromme ausgeliefert ist.

Und wie das Leben in seiner Vielfalt gegliedert ist, haben die Psalmen teil an geordneter Vielfalt alles Lebendigen. Es sind bei ihnen Formen oder Gattungen zu erkennen, die eine die Vielfalt in Glieder prägende Kraft besitzen. So wie in der lebendigen Schöpfung Arten zu erkennen sind, die doch niemals zu toten Schemata werden, sondern jedem einzelnen seine Einzigkeit lassen, so gehören die einzelnen Psalmen Formen an, die eine unbegrenzte Zahl von niemals ganz gleichen Einzelausprägungen zulassen.

Der alles Menschendasein bestimmende Grundrhythmus von Freude und Leid bedingt die beiden wichtigsten und am deutlichsten erkennbaren Hauptgruppen der Klage- und Lobpsalmen. Es muß aber gleich hinzugefügt werden, daß Freude und Leid in der Welt der Psalmen nicht zunächst menschliche Stimmungen sind, die nachträglich mit Gott in Verbindung gebracht werden, sondern sie sind *als solche* von Gott her, vor Gott und zu Gott hin. Lob ist zu Gott hin gesprochene Freude, Klage ist zu Gott hin sich aussprechendes Leid. — Lob- und Klagepsalmen sind in sich durchgängig gegliedert in die des Einzelnen und der Gemeinschaft; diese Differenzierung ergibt sich notwendig aus dem Menschsein, zu dem immer Selbstsein und Sein mit anderen gehört.

So ergeben sich zunächst vier Hauptformen, die gleich mit einem Musterbeispiel angeführt werden sollen:

Der Klagepsalm des Volkes	(KV) :	80
Der Klagepsalm des Einzelnen	(KE) :	13
Der berichtende Lobpsalm des Volkes	(LV) :	124
Der berichtende Lobpsalm des Einzelnen	(LE) :	40
Der beschreibende Lobpsalm	(L) :	113

In diesem Schema wurde zwischen zwei Arten von Lobpsalmen unterschieden: einem berichtenden und einem beschreibenden Lobpsalm. Die berichtenden Lobpsalmen werden gewöhnlich Dankpsalmen genannt; unser Wort »Dank« aber, das in der Sprache der Psalmen keine Entsprechung hat (das Wort, das Luther mit »danken« übersetzt, heißt »loben« oder »bekennen«; statt »berichtendes Lob« könnte man auch »bekennendes Lob« sagen), kann nicht wirklich wiedergeben, was in den Psalmen gemeint ist. Der Unterschied zwischen den beiden Arten von Lobpsalmen ist leicht zu verstehen und zu erkennen. Das berichtende oder bekennende Lob ist der Widerhall eines bestimmten, gerade geschehenen Handelns Gottes; es ist das befreite, jubelnde Aufatmen des Geretteten, der Gott, wie wir sagen, für seine Rettung dankt. Seine Grundstruktur ist immer: »Gott hat getan.« Für das berichtende Lob des *Einzelnen* führe ich als ein besonders anschauliches Beispiel die in Ps 107, 1—32 zusammengefaßten vier Loblieder des aus Seenot, Krankheit, Gefängnis, Verirrung Geretteten an. Für das berichtende Lob des *Volkes* nenne ich das »Mirjamlied« 2. Mose 15, 1 (=21), den wahrscheinlich ältesten Psalm Israels. Im Psalter gibt es für diese Gattung nur zwei Beispiele: Ps 124 und 129. Die auffällige Tatsache, daß diese Gruppe im Psalter so selten ist, soll später erklärt werden.

Die beschreibenden Lobpsalmen kommen nicht von einem einmaligen, einzelnen Tun Gottes her, sondern loben ihn in der Fülle seines Seins und Handelns. Ihre Grundstruktur ist daher: »Gott ist . . . Gott tut . . .«. Man könnte auch bei ihnen zwischen beschreibenden Lobpsalmen des Einzelnen (z. B. 103 oder 139) und der Gemeinschaft unterscheiden, aber der Unterschied ist hier nicht wesentlich; die beschreibenden Lobpsalmen sind als Gattung Lieder der Gemeinde.

Damit sind die Hauptgattungen genannt. Jede von ihnen ist nun wieder in sich verzweigt oder gegliedert, meist so, daß eines der Motive einer Gattung den Psalm beherrscht oder daß sie sich zu eigenen Psalmen verselbständigen. Besonders deutlich ist das beim beschreibenden Lobpsalm zu erkennen: das Lob der Majestät Gottes verzweigt sich in Lob des Schöpfers und Lob des Herrn der Geschichte; diese beiden Motive können sich verselbständigen: Lob des Schöpfers (8) oder Lob des Herrn der Geschichte (105). Das Lob der Güte Gottes kann einen Psalm ganz beherrschen (103), oder die Einleitung des beschreibenden Lobpsalms, der imperativische Lobruf, kann sich zu einem Psalm verselbständigen (147; 150). Der berichtende Lobpsalm des Volkes kann die besondere Form des Siegesliedes annehmen (Ri 5); beim Klagepsalm des Einzelnen kann das Motiv der Feindklage beherrschend werden (14; 52; 53); das Bekenntnis der Zuversicht kann sich zu eigenen Psalmen verselbständigen (23); Vertrauenspsalmen des Volkes ähnlich ist das Zionlied Ps 46.

Bei vielen Psalmen ist die sichere Zuordnung zu einer dieser Gattungen nicht möglich, weil sie Mischformen darstellen. Aus dem Chronikwerk wissen wir, daß in späterer Zeit die Grenzen zwischen den Psalmformen fließend zu werden begannen. Die Form wurde unwichtig oder trat in den Hintergrund, als die lebendige Verbindung aller Lebensgebiete zum Gottesdienst abnahm und der Tempelgottesdienst eine Welt für sich wurde, ein in sich geschlossener, nach außen fest abgegrenzter Bereich. So finden wir in der Chronik Lieder, die aus ganz verschiedenen Psalmen zusammengesetzt sind (z. B. 1. Chron 16, 8–36 ist zusammengesetzt aus Teilen von Ps 105; 96; 106). Daraus können wir erschließen, daß die Mischpsalmen besonders der späten Zeit angehören.

Zu den bis jetzt dargestellten Hauptformen kommen noch zwei wichtige Formen hinzu: die Liturgien und die Weisheitspsalmen. Daß es sich bei den Liturgien nicht im strengen Sinn um das handeln kann, was wir heute Liturgien nennen, ist schon erklärt worden (s. o. S. 13). Wir nennen Liturgien alle die Psalmen, in denen ein Nebeneinander von gottesdienstlicher Handlung und gottesdienstlichem Wort zu erkennen ist, wie z. B. ganz eindeutig in Ps 24. Die neuere Psalmenforschung hat auf die Frage nach den in den Psalmen sich zeigenden gottesdienstlichen Handlungen den größten Nachdruck gelegt. Man kann als ein sicheres Ergebnis der bisherigen Forschung festhalten, daß in den Psalmen sehr viel mehr von den Gottesdiensten Israels, von mancherlei Festen und kultischen Handlungen zu erkennen ist, als früher gesehen wurde. Es hat sich dabei auch gezeigt, daß vieles in den Psalmen auf außerisraelitischen Ursprung kultischer Handlungen weist. Im einzelnen aber sind die Ergebnisse bisher noch sehr unsicher. Damit, daß einige Forscher einem einzigen Fest eine große Zahl oder die Mehrzahl der uns überlieferten Psalmen zuweisen, wird auch keine größere Klarheit gewonnen. Die kultische Deutung einzelner Psalmen ist in ihren Ergebnissen bis jetzt so verschieden (etwa beim 50. oder 73. Psalm), daß hier noch fast alles unsicher ist. Wir werden daher zu den Liturgien nur die Psalmen rechnen, in denen gottesdienstliche Handlungen verbunden mit dem Wort eindeutig zu erkennen sind. Eine besonders eigenartige Gruppe stellen schließlich die Weisheitspsalmen dar, eine Übergangsform zwischen Psalm und Weisheitslehre. Typisch dafür ist Ps 37. Hier wie in vielen anderen Psalmen ist es besonders das große Thema der Gegenüberstellung von Frommen und Frevlern, bei dem sich Psalm und Weisheit begegnen. Aber auch in anderen Zusammenhängen zeigt sich der Übergang vom Gebet zur frommen Betrachtung, die der Reflexion der Weisheit nahekommt. Der Psalter hat im 1. Psalm etwas wie einen Prolog bekommen, der diese Verbindung von Frömmigkeit und Weisheit zum Ausdruck bringt.

Damit sind die wichtigsten Gruppen der Psalmen genannt. Manche kleinere Gruppen lassen sich noch danebenstellen, etwa die Königspsalmen, die aber nicht eigentlich eine Gattung darstellen. – Von den hier dargestellten Gruppen aus wird es jedem, der sich mit den Psalmen beschäftigt, leicht möglich sein, sich in der ungeordneten Aufeinanderfolge der vielen Psalmen zurechtzufinden. Mit dieser Ordnung ist zugleich der erste und wichtigste Schritt zur Auslegung der Psalmen getan: der einzelne Psalm kann nur im Ganzen der Gruppe, zu der er gehört, d. h. im Vergleich mit den Psalmen derselben Gattung, recht verstanden werden.

Der Klagepsalm des Volkes (KV)

1. DIE TEXTE

Im Psalter sind uns nicht viele Psalmen dieser Gattung aufbewahrt: Ps 44; (60); 74; 79; 80; 83: 89. Motive oder Anklänge an den KV finden sich in Ps 82; 85; 68; 90; 106; 115. Das Büchlein der Klagelieder Jeremias enthält (außer Kap 3 KE) nur KV, wobei allerdings lediglich Kap 5 einen reinen KV darstellt, während in Kap 1, 2, 4 die Motive des KV eine Verbindung mit der Totenklage eingegangen sind. In den prophetischen Büchern begegnen teils vollständige KV (Jer 14; Jes 63, 7—64, 12; Hab 1), teils Teile oder Motive aus ihnen (Jes 26; 33; 51; 59; Joel 1 f.; Jer 3). Die Heilspredigt Deuterojesajas spiegelt vielfältig die Klage des Volkes im Exil wider (z. B. Jes 40, 27). Die Situation des Klagepsalms ist durch das ganze AT hin sehr häufig erwähnt. Manchmal wird uns, wie in Joel 1 f., die Begehung der Klage ausführlich geschildert, meist wird sie nur in einem Satz mitgeteilt: »Da schrien die Kinder Irsael zum Herrn . . .« (z. B. Ri 20, 23—26; 21, 2—4; 1. Kön 8, 33 ff.; Jes 15, 2—4; 58, 3—5; Jer 36, 6—9; Hos 7, 14). Dazu gehört auch schon das Schreien des Volkes zu Gott in der Wüstenzeit; so müssen die ersten Anfänge oder Vorläufer der KV bis in die Zeit der Wüstenwanderung hinaufreichen.

2. DER GOTTESDIENSTLICHE VORGANG

Wie es vor sich ging, wenn eine solche Klage vom Volk erhoben wurde, wissen wir aus den vielen oben genannten Texten und noch manchen anderen recht genau. Keine gottesdienstliche Begehung im alten Israel können wir uns so gut vorstellen wie diese *Klagefeiern,* dieses »Fasten« (»ṣôm«). Da es immer durch besondere Nöte veranlaßt war, mußte das Fasten vorher ausgerufen, das Volk dazu zusammengerufen werden, und zwar das ganze Volk, auch die Frauen und Kinder (der Aufruf zur

Volksklage Hes 21, 17; Joel 2, 16; Jona 3, 5). Zum Begehen des Fastens gehörte die Heiligung der Festgemeinde (Joel 1, 14), Enthaltungen, Trauerkleidung, vor allem das Umgürten des Sackes (Jes 22, 12; Jer 4, 8; 6, 26), das Bestreuen des Hauptes mit Staub und Erde (Jos 7, 6; Neh 9, 1), Gebärden der Demütigung und das Flehen, das »Weinen vor dem Herrn« (Ri 20, 23—26; Jer 14, 12). Dahinein gehören die Klagepsalmen des Volkes.

Es hat sehr viel mehr solcher Klagepsalmen in Israel gegeben, als uns überliefert wurden; allein die in Deuterojesaja zitierten Sätze aus Klagepsalmen setzen mehr voraus, als uns im Psalter erhalten sind. Es gab keinen Israeliten, der nicht den Klang und die Worte dieser dunklen Klagepsalmen im Ohr gehabt hätte und damit besondere Stunden und Tage verband, die er nie vergessen konnte. Das Besondere an diesen Fasttagen war ja, daß sie nicht regelmäßig wiederkehrten, daß sie nicht im Kalender standen, sondern spontan angesetzt wurden, wenn eine Not dazu rief, eine Dürre oder Heuschreckenplage, der Einbruch von Feinden oder eine schwere Niederlage, die Vernichtung einer Stadt oder eines Tempels. So gehörten diese Klagen des Volkes denkbar eng und fest zusammen mit solchen schweren Erfahrungen des Volkes, einer Stadt oder einer Landschaft.

Wenn der Psalter nur so wenig Volksklagen enthält, viel weniger, als ihrer Bedeutung entspricht, so ist das in der späten Zeit begründet, in der die Sammlung des Psalters vor sich ging: zu dieser Zeit war Israel Provinz eines Großreiches, und die Tempelgemeinde war in weitem Abstand von den Ereignissen, die früher die Klagefeiern veranlaßten. An die Stelle der alten Klagefeiern trat immer mehr der Bußgottesdienst, wie er beispielhaft in Esra 9 geschildert ist. Das dort überlieferte Gebet zeigt den Wandel vom Klagepsalm zum Bußgebet.

3. EIN BEISPIEL: PSALM 80

V 2—4: Der Psalm setzt ein mit der einleitenden Bitte, verbunden mit der Anrede. Das andringende Flehen in der erweiterten Anrede, verbunden mit Elementen des Gottespreises, ist wie eine Beschwörung des Gottes, von dem die alten Siegeslieder sangen. Im Schreien zu Gott aus der äußersten Not wacht der Klang dieser starken Lieder auf, in denen

Gott bezeugt wurde, wie er, auf den Cheruben thronend, die Erde erschütternd, seinem Volk zu Hilfe kam. »Erwecke deine Heldenkraft . . .«, so kann das bedrängte Volk flehen, weil es die Erinnerung bewahrt an Gottes große Taten in der Vergangenheit. Die Verse 9—12, die diese Taten erinnernd entfalten, können unmittelbar an die Anrede anschließen: Warst du es nicht, der . . .?

Die vielen Verben der flehenden Bitte in V 2—4 lassen schon die Zweigliederung alles Bittens im Psalter erkennen: der lebendige Gott kann nur so um Hilfe angefleht werden, daß er darin zunächst um seine Zuwendung, sein Erscheinen, sein Hören, das Aufleuchten seines Antlitzes gebeten wird. Gott ist kein Rettungsautomat, keine übernatürliche Kraft, er ist Person, man kann ihn nur um Hilfe bitten, indem man ihn zunächst selbst, in seinem Personsein, ernst nimmt.

V 5—8: Auf die einleitende Bitte folgt die Klage. Sie setzt da ein, wo das Leid seinen Ursprung hat: beim Verhalten Gottes (V 5 ist sehr schlecht erhalten; vielleicht ist zu lesen: »Wie lange, Jahwe, raucht dein Zorn, schweigst du beim Flehen deines Volkes?«). Das die Menschen quälende und dem Tod entgegentreibende Geschehen (Wie lange?) reicht bis zu Gott: dort hat es angefangen, was die Klagenden getroffen hat. Jeder Satz, von V 5b bis 7a, beginnt: du . . . du . . . du! Die an Gott gerichtete Klage, die Anklage Gottes ist in den Psalmen der Nerv aller Klage: irgendwo stößt jede Klage auf den, der als der Schöpfer und Herr seiner Kreatur das Leid zuließ. Die Klagen des Alten Testaments suchen den Urheber des Leides nicht bei einer gottfeindlichen Macht, sondern in Gott selber. Die Anklage Gottes verbindet sich mit der Klage des eigenen Leids in dem starken Bild vom Tränenbrot und Tränenkrug: selbst das Essen und Trinken ist nicht mehr Erholung und Stärkung, sondern Teil der Qual (noch stärker Klagl 3, 15 f.).

In V 7 kommt der dritte Bestandteil der Klage hinzu: der Blick auf die Feinde und ihren Spott; sie wird in V 13 f., wieder in Verbindung mit der Anklage Gottes, weitergeführt. In V 8 mündet die Klage wieder in die Bitte ein, die sich als ein Kehrvers durch den ganzen Psalm zieht; mit großer Kunst steht der Vers nur dort, wo eine Bitte auch sinnvoll ist, nicht etwa mechanisch am Ende jeder Strophe.

V 9—12: Ganz in der Linie der Anklage Gottes liegt der Rückblick auf Gottes früheres Heilshandeln, das in so schroffem Kontrast zu seinem jetzigen Tun steht. Die Klage wirft Gott diesen Kontrast vor, und dennoch klammert sich der Klagende in diesem Vorwerfen an Gottes ihm in seiner eigenen Wirklichkeit bezeugte Güte und Treue. In einem Gleichnis redet der Psalm von Gottes Heilshandeln an Israel, in dem in der Bibel so reich entwickelten Gleichnis des Weingärtners. Das Bild hat hier keine ästhetische Funktion, es dient nicht der Anschaulichkeit; vielmehr zeigt es *als* Bild stillschweigend das Handeln Gottes an seinem Volk als eine *Ganzheit,* als das, was wir mit der Ganzheit »Geschichte« meinen; eine Ganzheit, die vor den Einzelereignissen da ist und in der diese nur als Glieder des Ganzen einen Sinn haben. Sieht man genau auf die Einzelheiten des Bildes, so erkennt man: Es entfaltet Satz für Satz das geschichtliche Credo, das Grundbekenntnis des Volkes Israel zu den Taten Gottes, die seine Geschichte begründeten: Herausführung aus Ägypten, Hineinführen und Ausbreiten im Kulturland (vgl. 2. Mose 3, 7 f.). Das Wachsen dieses Weinstockes in dem Land, in das er eingepflanzt wurde, ist deutlich übertreibend dargestellt, so daß es fast das Bild sprengt. Dieses Übertreiben ist im Bekenntnis gemeint als staunender, ergriffener Hinweis auf die Größe des Werkes Gottes; hier kommt die Kontrastwirkung hinzu: Willst du dieses so wunderbar weit Gewachsene ganz der Vernichtung preisgeben? So weist der letzte Satz dieses Teils schon hinüber zu der Weiterführung der Klage.

V 13 f.: Vorher (V 5) setzte die Klage mit der Frage »Wie lange?« ein, jetzt folgt die ihr entsprechende Frage: »Warum?« Das Bild erlaubt hier eine erschreckende Kühnheit der Anklage Gottes: es wird ihm vorgeworfen, daß er an der Vernichtung des von ihm selbst gepflanzten Weinbergs arbeitet! Aber dies ist eben nicht Feststellung, sondern ein Sich-Klammern der Klagenden an den unbegreiflichen Gott. – In V 14 treten die Feinde in den Vordergrund, auch dies mit erstaunlicher Kunst innerhalb des Bildes gesagt; die Räuber plündern und vernichten, und die Betroffenen können nichts tun, als zu dem zu flehen, von dem dies alles ausging. Die Folge von V 15 auf V 13 f. ist die gleiche wie die Folge von V 8 (derselbe Satz!) auf V 5–7.

V 15 f.: Die beiden Glieder der Bitte sind wieder zu erkennen: die Bitte »Kehre doch um!« setzt Gottes Abgewandtsein im Zorn voraus; nur wenn er sich seinem Volk wieder zuwendet, kann es Heil erwarten.

V 17 f.: Die Bitte ist mit einem nach zwei Seiten gewandten Wunsch, dem Doppelwunsch, verbunden. Weil Gottes Eingreifen in eine bestimmte politische Konstellation erfleht wird, in der zwei Gegner einander gegenüberstehen, *kann* Gottes Eingreifen *für* den einen nur als Eingreifen *gegen* den anderen verstanden werden. Aber der Ton liegt auf dem Positiven: es geht in dem Wunsch darum, daß das Leben wieder sinnvoll werde, daß Gott sich dem wieder zuwende, der sein Leben und Wachsen und Großwerden ihm allein verdankt.

V 19 f.: Den Schluß des Psalms bildet ein mit der noch einmal wiederholten Bitte verbundenes Gelübde der Treue zu Gott. Als ein Handel, der Gott für die erflehte Rettung eine Gegenleistung anbietet, wäre es völlig mißverstanden. Wie jedes echte Gelübde ist es die freie Bindung des aus einer Not zu Gott Flehenden über die Stunde der Rettung hinaus an seinen Retter.

4. DER AUFBAU DER VOLKSKLAGEN

Der Psalm beginnt mit dem Anruf Gottes, oft verbunden mit einem einleitenden Hilferuf, einer einleitenden Bitte. Es folgt die Klage in den drei Gliedern: Anklage Gottes, Wir-Klage, Feindklage, aber nicht etwa in schematischer Folge, sondern jedesmal ganz verschieden im Verhältnis dieser drei Glieder zueinander und in Verbindung miteinander. Die Klage hat die Bitte zum Ziel, doch steht meist zwischen Klage und Bitte ein Teil, der sich Gottes gnädigem Tun zuwendet, entweder im Bekenntnis der Zuversicht oder im Rückblick auf Gottes früheres Heilshandeln an seinem Volk (wie in Ps 80). Jetzt folgt die Bitte, zunächst immer die Bitte um Gottes Zuwendung, darauf erst die Bitte um sein helfendes Eingreifen. Oft ist ein drittes Glied hinzugefügt: eine Bitte gegen die Feinde. In vielen Psalmen ist die Bitte ergänzt durch Gott vorgehaltene Beweggründe, die die Bitte unterstützen sollen.

An dieser Stelle, nach Anruf, Klage und Bitte, ist ein Einschnitt. Hier wartete das Volk – jedenfalls war es in früherer Zeit so – auf eine Antwort, auf einen Bescheid Gottes, der durch einen im Namen Gottes Sprechenden erteilt wurde. Dieser Gottesbescheid ist in manchen KV des Psalters angedeutet; wiedergegeben wird er in den im Psalter überlieferten KV nicht (wir erfahren mehr von diesem Gottesbescheid aus den Volksklagen in den prophetischen Büchern); sie enden entweder mit der Bitte oder mit einem Gelübde (so Ps 80).

Dieser Aufbau des KV zeigt seine wesentlichen Elemente; doch ist jeder einzelne dieser Psalmen ein ganz eigenes, unwiederholbares Gebilde. Jeder muß für sich gehört, für sich ausgelegt werden, wie es in einigen Linien andeutend beim 80. Psalm versucht wurde. Nur weil das hier nicht möglich ist, sollen jetzt die einzelnen Teile, alle Psalmen der Gattung überblickend, besprochen werden.

Die Anrede

Die Anrede oder der Anruf bedeutet in den Psalmen mehr, als wir darin sehen können. Das »Beim-Namen-Rufen« ist die notwendige Voraussetzung des Redens zu Gott. Im Anruf wird der Kontakt hergestellt, der das Sprechen zu Gott erst ermöglicht. Der Anruf ist so etwas wie das Öffnen einer Tür. Ruft ein Mensch Gott bei seinem Namen an — wie auch umgekehrt —, so geschieht in diesem Augenblick etwas; der Anruf ist ein den Rufenden und den Angerufenen verbindendes Geschehen. Dieser Anruf Gottes wird im zweiten Gebot vor Mißbrauch geschützt.

Meist wird Gott nur bei seinem Namen angerufen, ohne jede Erweiterung, z.B. Ps 79,1: »Gott, Heiden sind in dein Erbe eingefallen . . .!« (so auch 74, 1; 83, 2; 44, 2; Klagl 5, 1). In dieser ganz einfachen und ganz direkten Anrede Gottes zeigt sich die Unmittelbarkeit des Redens zu Gott in den Psalmen der Bibel besonders im Vergleich mit den babylonischen und ägyptischen Psalmen, in denen die Anrede des Gottes fast immer durch eine Fülle lobender Prädikate erweitert ist. Eine solche Erweiterung der Anrede begegnet im AT erst bei ganz späten Psalmen (106, 1—3); häufig ist sie bei apokryphen Psalmen (Jes Sir 33, 1; Zusätze zu Daniel 1, 3—5[1]; Ps Sal 5, 1—2a[2]; 11, 1—7; 17, 1—4). Man kann diesen Unterschied — mit Vorbehalt — vergleichen mit der persönlichen und der offiziellen Anrede zwischen Menschen: eine Anrede mit Titeln setzt immer eine gewisse Distanz voraus oder eine offizielle, feierliche Gelegenheit; wir reden dann von einer »steifen« Beziehung. Die Anrede nur beim Namen setzt immer ein nahes Zusammengehören voraus.

[1] Auszüge aus den Zusätzen zu Daniel stehen in unserer Lutherbibel in den sogenannten Apokryphen.

[2] »Psalmen Salomos« ist der Name einer Psalmensammlung aus spätjüdisch-hellenistischer Zeit, die nicht in die Bibel aufgenommen wurde.

Der Anrede kann unmittelbar die Klage folgen wie in dem oben angeführten Beispiel Ps 79, 1; sie kann aber auch, wie in Ps 80, mit einer einleitenden Bitte, einem einleitenden Hilferuf verbunden sein: Klagl 5, 1: »Gedenke, Herr, was uns geschehen, schau her und sieh unsere Schmach!« (so auch 74, 2 f.; 80, 2b–4; 83, 2b; 106, 4–5; 60, 3b). Daß durch diesen einleitenden Hilferuf (in den KE ebenso) die Bitte in sehr vielen Psalmen zwei verschiedene Orte hat, vor der Klage und nach der Klage, ist auffällig. Vielleicht waren es früher einmal zwei ganz verschiedene Formen, die dann allmählich miteinander verschmolzen.

Die Klage

Sie ist viel mehr, etwas viel Lebendigeres und viel Positiveres als das, was wir uns heute bei dem Wort Klage denken. Für uns gehört ja die Klage nicht mehr zum Gebet; wir kennen sie in erster Linie aus dem Reden der Menschen untereinander, und da hat sie von vornherein immer schon einen negativen Akzent. Wir bewundern es, wenn ein Mensch nicht klagt, auch dort nicht, wo eine Klage sehr nahe läge. Darum können wir nicht mehr verstehen, was einmal die Klage in dem zu Gott gerichteten Reden der Menschen bedeutet hat. Eine Hilfe zum Verständnis ist es, wenn wir an das Rechtsleben denken; hier hat die Klage auch heute noch für uns eine notwendige und durchaus positive Funktion.

Die Klage in den Psalmen zeigt ihre Andersartigkeit gegenüber dem, was wir darunter verstehen, darin, daß sie stets nach drei Richtungen gewandt ist: Sie ist an Gott gerichtete Klage, als Wir-Klage (bzw. Ich-Klage) klagt sie das eigene Leid, als Feindklage klagt sie, was der Feind angerichtet hat. Diese drei Glieder der Klage stehen in einer lebendigen, vielfältigen Beziehung zueinander. Nicht alle brauchen in jedem Psalm zu erscheinen, aber jede Klage hat ihrem Wesen nach diese drei Richtungen, diese drei Aspekte. Es klagt in ihnen nicht das Individuum, auch nicht das Volk als eine absolute politische Größe, sondern der Mensch in den drei Grundbeziehungen, die alles Menschendasein ausmachen: das Selbstsein, das Sein mit anderen und das Sein gegenüber Gott. – Diese drei Aspekte der Klage ermöglichen eine unbegrenzte Mannigfaltigkeit, während die einseitig gewordene Klage auch fast immer eintönig wirkt. Ein Klagepsalm kann dadurch sein besonderes Gepräge bekommen, daß einer dieser drei Aspekte stark hervortritt, z. B. die Anklage Gottes in Ps 89, die Wir-Klage in Klagl 5, die Feindklage in Ps 83.

Die *Anklage* Gottes kann die Form der Frage (Warum? Wie lange? Ps 80, 5—13) oder der Aussage haben (»Du hast alle seine Mauern niedergerissen!« Ps 89, 41). Hinter der Frage »Warum?« steht die menschliche Reaktion: Ich (wir) kann es nicht verstehen; hinter der Frage »Wie lange?«: Ich kann es nicht mehr aushalten. Es ist die Frage nach dem Sinn und die Frage nach dem Ziel. In der Anklage Gottes werden diese beiden Fragen an Gott gestellt, und das heißt, hinter der ehernen Wand, die den menschlichen Möglichkeiten eine Grenze setzt, wird von den Menschen, die diese Psalmen beteten, Gott nicht vermutet, sondern vorausgesetzt. Wenn ein Mensch an den Grenzen nach dem Sinn und dem Ziel fragt, dann *ist* das ein zu Gott hin gerichtetes Fragen; es kann gar nicht anders sein. Daß es hier die Möglichkeit der anklagenden Frage gibt, daß hier die Fragen »Warum?« und »Wie lange?« erhoben werden können, das ist *als solches* ein Hinweis auf die Wirklichkeit Gottes. Wir erschrecken vor der Schärfe dieser Anklagen, z. B.

Du hast preisgegeben den Bund mit deinem Knecht,
hast seine Krone zu Boden getreten . . . (Ps 89, 40).

Und diesen Sätzen wären viele andere an die Seite zu stellen. Dennoch sind gerade solche Sätze ein Zeichen dafür, daß die, die so redeten, ihren Gott eben da ernst nahmen, wo die meisten Menschen einer späteren Zeit, weil sie ihn angesichts ihrer Wirklichkeit nicht mehr verstehen, von Gott fortgehen.

Die *Wir-Klage* ist in sich zweiteilig: Sie klagt das Leid: »Hingestreckt auf der Straße liegen Knabe und Greis« (Klagl 2, 21), und die Schande des Leids: «Wir sind unseren Nachbarn zur Schmach geworden . . .« (Ps 79, 4). Diese beiden Seiten der Wir-Klage zeigen: Das Leid wird hier — nicht nur von einem Einzelnen, sondern auch von einer Stadt oder einem Volk — immer zugleich als ein Geschehen in der Gemeinschaft empfunden.

Das *Verklagen der Feinde* ist in Ps 74; 79; 80; 83 besonders ausgeprägt. In Ps 80 ist es in das Bild der den Weinberg zerstörenden Tiere gekleidet. Es muß natürlich ganz fehlen in den Klagen, die bei einer Naturkatastrophe, bei einer Dürre oder Heuschreckenplage erhoben werden. Auffällig ist, daß in den Psalter nur solche Volksklagen aufgenommen wurden, die eine Einwirkung von Feinden voraussetzen, während uns Klagen aus Anlaß einer Naturkatastrophe nur in geschichtlichen und prophetischen Texten überliefert sind (z. B. Jer 14 f.; Joel 1 f.).

Rückblick auf Gottes früheres Handeln

Dieser Teil des KV zeigt vor allem die Spannkraft und Weite dieses Redens zu Gott. Im Kontrast zu gegenwärtiger Wirklichkeit hält die aus ihrer Not zu Gott flehende Gemeinde Gott entgegen, was er früher an seinem Volk getan hat. In einer auch dichterisch einzigartig schönen und starken Sprache faßt der 80. Psalm Gottes Handeln am Volk in das Gleichnis der Arbeit des Weingärtners: »Du hobst einen Weinstock aus in Ägypten . . . du pflanztest ihn ein . . .« Schneidend scharf tritt der Kontrast in Ps 44 heraus:

V 2: *Gott, mit unseren Ohren haben wir es gehört,*
unsere Väter haben es uns erzählt:
Eine Tat hast du getan in ihren Tagen,
in den Tagen der Vorzeit mit deiner Hand . . .
V 13: *Du verkauftest dein Volk um ein Spottgeld,*
leichten Kaufes gabst du es preis.
Du machtest uns zur Schmach bei unseren Nachbarn,
zum Spott und Hohn derer, die uns umgeben . . .

Ähnlich der Rückblick in Ps 85, 2—4; Jes 63, 11—14; angedeutet in Ps 83, 10—12; abgewandelt zu einem breiten Geschichtsbericht in Ps 106, 7—46; auf die Verheißung an David zugespitzt in Ps 89, 20—38. Der Bogen kann noch weiter gespannt werden: Gott kann auch an sein Schöpfungshandeln erinnert werden, an den Chaoskampf am Anfang (Ps 74, 12—17; Jes 51, 9—16). Wenn Gott auf diese Weise an sein früheres Handeln erinnert, wenn ihm der Gegensatz zwischen seinem Tun damals und jetzt vorgehalten wird, so zeigt sich darin das Erwachen eines Geschichtsbewußtseins, das unter dem Druck der Not im Kontrast Zusammenhänge in der eigenen Geschichte zu sehen beginnt, und zwar an der Bruchstelle, an der es selbst steht, und dessen inne wird, daß die Ganzheit der es tragenden Geschichte allein in dem die Brüche heilenden Handeln Gottes beruht.

An die Stelle des Erinnerns Gottes an seine früheren Taten kann auch ein Bekenntnis der Zuversicht (Jer 14, 9b—22; Ps 115, 3. 9—11; Jes 63, 16) oder ein allgemeines Gotteslob (Klagl 5, 19; Ps Sal 5, 9—11) treten. In dem Sich-Halten an Gottes gnädiges Tun in der Vergangenheit der gegenwärtigen Not zum Trotz ist die Kraft wirksam, die Israel am Leben erhielt, als es in seiner politischen Existenz zerbrochen war. Man spürt, wie das Lob der großen Taten Gottes mitten in die Klage des Volkes hineinragt; trotz der Anklage Gottes halten sich die Flehenden an das, was gewiß bleibt: die Wirklichkeit der erfahrenen Treue Gottes in ihrer eigenen Geschichte.

Die Bitte

Auch die Bitte ist in den Psalmen etwas wesentlich anderes, als wir unter diesem Wort verstehen. Eher ist sie das, was wir Flehen nennen. In unserem heutigen Wort Bitte sind zwei ursprünglich verschiedene Vorgänge vereint: das Flehen aus einer Not, das immer irgendwie Flehen um Errettung ist, und das Bitten um etwas, das wohl einen Bedarf voraussetzt, nicht aber eine akute Not. Dieses zweite, das Bitten um etwas, begegnet in den Psalmen fast gar nicht, nur ganz am Rande; fast immer geht es in den Bitten der Psalmen um die Rettung aus einer akuten Not. Niemals begegnet in den Psalmen, was in unseren Gebeten doch häufig und ganz selbstverständlich ist, eine Aufreihung einzelner Bitten. Auch wo die Bitte mehrere Sätze umfaßt, meint sie ein einziges: die Rettung aus der Not, die in der Klage vor Gott gebracht ist. Diese Bitte kommt aus der Klage her, sie ist das Ziel der Klage.

Das andere Wesensmerkmal war schon bei der Eingangsbitte von Ps 80 erwähnt worden: Die Bitte der Psalmen ist ihrem Wesen nach zweigliedrig; sie ist zunächst Bitte um Gottes Zuwendung (Komm! Stehe auf! Erkenne doch! Höre! Siehe an! Schweige nicht! Gedenke! usw.), dann erst kommt die Bitte um Gottes Eingreifen (Hilf uns! Befreie! Wehre! Schaffe mir Recht! Richte auf! Errette! usw.). Diese zwei Seiten kehren im Bericht des Erretteten wieder: »Du hast gehört . . ., hast befreit . . .«. Immer, durch das ganze Alte Testament hin, hat das Helfen und Retten Gottes diese zwei Seiten. Sie zeigen etwas für das Gottesverhältnis des Israeliten Wesentliches: Er weiß, daß ihm nur Hilfe werden kann, wenn er dem lebendigen Gott begegnet. Ohne die persönliche Zuwendung Gottes zu ihm in seiner Not gibt es keine Hilfe.

Manchmal ist die Bitte mit Beweggründen verbunden, die sie verstärken, ihr Nachdruck verleihen sollen. Solche Beweggründe können sich auf Gott beziehen: »Um der Ehre deines Namens willen« (79, 9); auf die Feinde: »Warum sollen die Heiden sagen: Wo ist nun ihr Gott?« (79, 10; vgl. 74, 10. 18. 22 f.); oder auf den Flehenden selbst: »Übersatt sind wir des Hohnes« (123, 3 f.); ». . . denn wir sind so schwach geworden« (79, 8). Diese Beweggründe, die auf Gott einwirken sollen (ebenfalls in den KE), erscheinen uns als fragwürdiger Bestandteil eines Gebets. Uns scheint, Gott werde hier zu sehr wie ein Mensch angeredet. Es ist gewiß ein für unsere Begriffe kindliches, naives Reden zu Gott. Ein besonders bezeichnendes Beispiel zeigt die Fürbitte des Propheten Amos für sein Volk: »O Gott, verzeih doch! Wie kann Jakob bestehen? Er ist ja so gering!« (Amos 7, 2. 5). Doch können wir hier gewiß nicht mit unseren Maßen messen; es ist jedenfalls ein Reden, das Gott nahe ist und etwas von ihm erwartet.

Der Gottesbescheid

Mit der Bitte ist, was die mit ihrer Klage vor Gott tretende Gemeinde zu sagen hat, eigentlich abgeschlossen. Der gottesdienstliche Vorgang aber, die Klagefeier oder das Begehen des Fastens, ist noch nicht abgeschlossen. Jetzt soll ja das Wichtigste erst kommen: die Antwort Gottes. Denn dazu war man zusammengekommen: die Not vor Gott zu bringen, damit er sie wende. An dieser Stelle, nach der Bitte, erwartete die zu Gott flehende Gemeinde, daß Gott sich auf irgendeine Weise vernehmen läßt. Genau das ist in Psalm 85 geschildert. Die Verse 5–8 enthalten die Bitte: »Stell uns wieder her, Gott unseres Heils . . .«; bis hierhin geht das Gebet der Gemeinde. Nun setzt eine Einzelstimme ein

(V 9): *Ich will lauschen, was Gott mir sagt!*
Fürwahr, der Herr, er redet von Heil . . .

Das ist wahrscheinlich eine späte, nachgestaltete Darstellung; aber sie zeigt den ursprünglichen Vorgang: Das zur Klage versammelte Volk erwartet wirklich eine Antwort Gottes auf sein Flehen, und diese Antwort konnte von einem Gottesmann, Priester oder Propheten vernommen und dann den Harrenden verkündet werden. Noch an einer anderen, ganz späten Stelle (2. Chron 20, 3—17) wird das Ergehen eines solchen Heilsorakels ausführlich geschildert; hier ist es ein Levit, der das Heilswort der Gemeinde kundgibt (V 14 f.). Aus einer Reihe von Stellen aus den Prophetenbüchern, besonders Amos 7 f.; Jer 14 f., ergibt sich, daß manchmal die Propheten, die auch das Amt der Fürbitte hatten, bei einer solchen Klagebegehung das Heilsorakel sprachen. Dies wird auch besonders das Amt der Kult- oder Heilspropheten gewesen sein, die wir fast nur als Gegner der Schriftpropheten kennen. An dieser Stelle berühren sich Prophetie und Gottesdienst. In den Psalmen ist das Heilsorakel nur ganz selten wiedergegeben oder angedeutet (Ps 60, 8—11; 81, 7; 85, 9ff.), häufig dagegen begegnet es in prophetischen Texten (Jes 33, 10—13; 49, 22; 59, 15b; Jer 4, 1 f.; 51, 36; Hos 6, 5—9; Joel 2, 1 ff.; Mi 7, 11—13; Hab 3, 3—15). In zweien dieser Texte aber ist die Antwort Gottes ein Nein, eine unbedingte Verweigerung des helfenden Einschreitens: Amos 7, 8 und 8, 2; Jer 14, 10 und 15, 1—4. Diese beiden Stellen zeigen, daß die Gottesantwort auf das Flehen des Volkes nicht von vornherein festlag, sondern wirklich offen war. Die Klagepsalmen setzen diese andere Möglichkeit voraus in den klagenden Fragen: »Gott, warum schweigst du?« (Hab 1, 13b); »Wie lange hörst du nicht?« (Hab 1, 2); »Du hast dich in Gewölk gehüllt, daß kein Flehen hindurchdrang« (Klagl 3, 43).

Das Lobgelübde

Es begegnet in den KV selten, da es wohl eigentlich zur Klage des Einzelnen als deren Abschluß gehört. Man sieht das an den babylonischen Psalmen, in denen niemals ein pluralisches Lobgelübde begegnet, während am Ende der Einzelklagen fast immer ein Gelübde steht. Wenn es in Israel doch in einer Reihe von Volksklagen steht (Ps 44, 9; 79, 13; 80, 19; 106, 47b; 74, 21b; Hos 6, 2; Ps Sal 8, 33b), so wird es eine besondere Bedeutung haben. Da das Gelübde in Ps 80, 19 nahe an das Versprechen des Volkes beim Landtag zu Sichem Jos 24, 18. 21. 24 anklingt, kann dieses Zusammenstimmen auf ein Gelöbnis des Volkes weisen, das seinen festen gottesdienstlichen Ort hatte und hier in einigen Klagen des Volkes aufgenommen wird.

5. ZU DEN EINZELNEN VOLKSKLAGEPSALMEN

Psalm 44: Der Psalm ist bestimmt von dem bitteren Gegensatz zwischen Gottes Handeln jetzt und früher. Der Anfang (V 2—9) ist erfüllt vom Lob des Gottes, der früher so wunderbar und gewaltig half. Aber hart daneben steht die Klage über das Verlassensein von Gott in einer unverstandenen schrecklichen Gegenwart (V 10—23). Mitten aus dieser Klage erhebt sich die Versicherung der Betenden, trotz allem an Gott festzuhalten (V 18 f.). Der Psalm mündet in einen verzweifelten Hilfeschrei (V 24—27).

Psalm 60: Manches an diesem Psalm ist uns nicht mehr verständlich. In seiner Mitte steht ein Heilsorakel (V 8—11), das auf eine Klage aus schwerer Kriegsnot (V. 3—6) und die Bitte (V. 7) um Hilfe folgt. Der Psalm mündet aus in ein Wort der Zuversicht: »Mit Gott werden wir Taten tun ... «.

Psalm 74 klagt über die Zerstörung des Heiligtums (V 3—9), die bis in die Einzelheiten geschildert wird. An der Stelle des Rückblickes auf Gottes Heilstaten in der Geschichte appelliert der Psalm an den Schöpfer und Herrn der Geschichte (V 12—17); ein Beispiel dafür, wie im Alten Testament der Glaube an den Schöpfer aus der Anfechtung erwächst und den Angefochtenen Halt gibt. Dabei ist (V 13 f.) die Schöpfung noch ganz in mythischen Bildern dargestellt, wie sie in der Dichtung noch weiterlebten, als die Schöpfervorstellung in Israel längst entmythisiert war.

Psalm 79: Deutlich tritt aus der Klage dieses Psalms eine Eroberung der Stadt Jerusalem vor unser Auge: Stadt und Tempel haben die Feinde zerstört (V 1) und viele Menschen getötet (V 2 f.); zu der Vernichtung kommt die Schande (V 4). Erschüttert richten sich die übrigen zu dem Ursprung des Unheils: Gottes brennendem Zorn. Sie flehen Gott an, ihn auf seine Feinde abzuwenden (V 6), nicht die Sünden der Väter die Nachkommen büßen zu lassen. — Die Bitten gegen die Feinde treten scharf heraus (V 6. 10. 12). Für uns kaum begreiflich endet auch dieser Psalm mit seinen schroffen Anklagen Gottes in einem Gelöbnis: »Wir wollen dir ewig Dank sagen und deinen Ruhm verkünden!«

Psalm 83: Dieser Psalm ist von dem vorigen sehr verschieden; er hat vom Anfang bis zum Ende die Feinde im Auge, er enthält fast nur Feindklage und Bitte gegen die Feinde! Auffällig ist die Häufung der

Völkernamen in V 7—9; es kann sich kaum um eine bestimmte geschichtliche Lage handeln. Es ist möglich, daß alle diese Feindnamen nur Decknamen für die Frevler sind, die die Frommen bedrohen, und daß der Psalm eigentlich zu den Klagen des Einzelnen gehörte, wo es um den Gegensatz von Frevlern und Frommen geht. Es ist sehr wahrscheinlich, daß Israel in der Zeit, als es Provinz eines Großreiches war und keine eigenen Kriege mehr führte, die alten Volksklagen in dieser Weise umformte.

Psalm 89: Die eigentliche Klage beginnt erst mit dem »Aber« V 39 und reicht bis zum Schluß des Psalms (V 52). Ihr geht ein sehr ausführlicher Teil voraus, der dem Rückblick auf Gottes frühere Heilstaten entspricht. Er blickt hier auf eine bestimmte Tat Gottes zurück: den Bund mit David (V 4 f.). Der Psalm ist zur Dichtung ausgebaut, die der Vernichtung des Königshauses (wahrscheinlich 586) den Bund entgegenhält, den Gott einmal mit David geschlossen hat (2. Sam 7). Dieser Bundesschluß wird ausführlich dargestellt (V 4 f. und 20—38). Dazwischen ist ein großes allgemeines Gotteslob eingeschoben (V 6—19), das in sich geschlossen ist und gewiß einmal ein selbständiger Lobpsalm war.

Psalm 106 hat nur Spuren des KV bewahrt, er ist ein großer Bußpsalm, der die ganze Geschichte des Volkes umfaßt und einmündet in die Bitte an Gott, Israel zu erlösen und die Zerstreuten aus den Völkern zu sammeln.

Der berichtende Lobpsalm des Volkes (LV)

Den Klagen des Volkes ist bei aller Verschiedenheit eines gemeinsam: das Flehen um Rettung aus der Not. Wenn aber Gott sein Schweigen brach und er seinem Volk zu Hilfe kam, wenn er die Not wendete und Rettung brachte, dann mußte seine Tat den Jubel der Befreiten wecken, das Lob der Erlösten. Das ist in dem späten Geschichtspsalm 106 ausgesprochen (V 12):

Aber er half ihnen um seines Namens willen ...
Da glaubten sie seinen Worten und sangen sein Lob.

Dieses von Gottes Tat berichtende Lob hat durch die ganze Geschichte Israels hindurch eine große Bedeutung gehabt. Es ist aber im Psalter nicht – oder fast nicht – überliefert worden. Der Grund dafür liegt vor allem darin, daß der uns überlieferte Psalter eine nachexilische Sammlung ist und Israel in der nachexilischen Zeit solche Rettungstaten am Volk, wie sie Ps 106, 12 gemeint sind, nicht mehr erfuhr. Wir müssen darum hier Texte aus anderen biblischen Büchern hinzunehmen.

1. In der frühen Zeit waren die Loblieder des Volkes ganz kurz, nur wie ein jubelnder Ausruf. Das älteste, aber niemals vergessene derartige Lied ist das »Mirjamlied« 2. Mose 15, 1 (= 21):

Singet Jahwe, denn hoch hat er sich erhoben,
Roß und Wagen hat er ins Meer gestürzt!

Dieses die Rettung am Schilfmeer besingende Lied ist ein berichtender Lobpsalm in einfachster Form; er besteht nur in einer Aufforderung zum Lob und dem in zwei Sätze gefaßten Bericht von Gottes Tat. Diese einfache Form ist dann in verschiedener Weise erweitert worden.

2. Eine erweiterte Form des Volkslobpsalms begegnet uns im Psalter in Ps 124 und 129. Der fast unbekannte 124. Psalm kann uns, so als wären wir dabei, in die Stunde versetzen, in der Israel auf eine Rettung aus höchster Not zurückblickt und diese Erfahrung der Rettung in die

Sprache des allen Zeiten und allen Menschen verständlichen aufatmenden Gotteslobes faßt:

Wäre Jahwe nicht für uns gewesen — so möge Israel sprechen —,
wäre Jahwe nicht für uns gewesen,
als Menschen wider uns aufstanden,
dann hätten sie uns lebendig verschlungen . . .
Gelobt sei der Herr,
der uns nicht dahingab ihren Zähnen zum Raub!
Unsere Seele ist wie ein Vogel,
dem Netz des Vogelstellers entronnen.
Das Netz ist zerrissen,
und wir sind frei!

Wenn in den Klagepsalmen das Volk zurückblickt auf Gottes frühere Heilstaten, dann denkt es an die Stunden, in denen ein solches Lied der Erretteten, »ein neues Lied«, aufwachte und sich der Geschichte des Volkes tief einprägte. Anklänge in anderen Psalmen finden sich in 66, 8—12; 81, 7 f.; 85, 2—4; 93, 3 f.; 126, 2 f.; vgl. 5. Mose 32, 43; Jes 25, 1—5; 26, 13—19; Luk 1,68—75.

3. Eine Weiterbildung des kurzen berichtenden Lobliedes ist das Siegeslied als Lied vom Siege Jahwes, das Gott als den preist, der Israel Sieg verschafft hat. Auch das Siegeslied ist einen eigenen Traditionsweg gegangen und ist auch einmal für sich gesammelt worden; das in den Königsbüchern erwähnte »Buch der Kriege Jahwes« hat teilweise oder ganz Siegeslieder enthalten. In den Psalter ist kein Siegeslied aufgenommen worden. Das ist gewiß auch darin begründet, daß Israel nach der Katastrophe Jerusalems 586 und dem Babylonischen Exil jahrhundertelang keine Siege mehr erlebte.

Wie das Siegeslied sich aus einem an Kürze dem »Mirjamlied« zu vergleichenden ganz kleinen Gebilde zu einem großen, breit ausladenden Kunstwerk entwickeln konnte, zeigt der Vergleich zwischen dem Siegeslied der Philister (Richter 16, 23 f.) und dem großartigen Debora-Lied (Richter 5). Auch die Siegeslieder sind — so fremdartig uns das erscheint — ursprünglich gottesdienstliche Lieder: sie haben ihren festen Platz in der Begehung des Jahwe-Krieges, des heiligen Krieges, die mit der Befragung Jahwes begann und mit dem Lobgesang der Tat Jahwes endete. Es hat gewiß *sehr* viele Siegeslieder in der Frühzeit Israels gegeben; außer dem einen großen Debora-Lied sind uns nur Fragmente und Anklänge erhalten (Jos 10, 12 f.; Ps 126, 3; 118, 15 f.; Motive in Ps 18; 68; 149; eine späte Nachbildung Judith 16). An die Siegeslieder erinnern manche Osterlieder der christlichen Kirche, wie »Christ ist erstanden ...«.

4. Zum Siegeslied gehört die Schilderung der Epiphanie Gottes (Ri 5, 4 f.; Ps 18, 8–16; 68, 8 f.; Judith 16, 18), d. h. des den Himmel und die Erde erschütternden Erscheinens Gottes, wenn er seinem Volk zu Hilfe kommt. Sie begegnet noch oft außerhalb des Siegesliedes (Hab 3, 3–15; Ps 77, 17–20; 97, 2–5; 114; 5. Mose 33; Jes 30, 27–33; 59, 15 b–20; 63, 1–6; Mi 1, 3 f.; Nah 1, 3 b–6); dabei finden wir immer dieselben Züge. Besonders häufig wird die Epiphanie Gottes mit dem Schilfmeerereignis verbunden. Sicher liegt darin ein sehr altes Motiv, das in einer noch mythisch gefärbten, an ägyptische und babylonische Psalmen der Epiphanie eines Gottes anklingenden Sprache die ganz neue und ganz eigene Erfahrung Israels besingt: das den Himmel und die Erde erschütternde Herbeikommen Jahwes mit dem einen Ziel, sein Volk von seinen Feinden zu befreien.

EIN RÜCKBLICK AUF DIE KLAGE- UND LOBPSALMEN DES VOLKES

Unter den Psalmen, die wir bisher besprachen oder erwähnten, ist wohl kein einziger, der in der christlichen Tradition besonders hervorgetreten wäre, keiner, der in unseren Gemeinden heute zu den bekannten und beliebten Psalmen zählte. Das hat seinen guten Grund: Diese Psalmen sind alle unmittelbarer oder mittelbarer Widerhall dessen, was in Israel als einem Volk unter Völkern, was an seinen politischen Höhe- und Tiefpunkten geschah. Es ist viel darin die Rede von Siegen und Niederlagen, von Feindbedrängung und Feindbefreiung. Dies alles ist jedenfalls nicht direkt, nicht unmittelbar in die Geschichte der Kirche Christi hinüberzunehmen; es kann darum auch nicht direkt, nicht unmittelbar zum Bitten und Klagen, zum Loben und Preisen der christlichen Gemeinde werden. Nur eine gezwungene oder sehr weit von dem einfachen und klaren Sinn dieser Texte sich entfernende Auslegung könnte diese Psalmen, so wie sie sind, zu Gebeten einer christlichen Gemeinde erklären. Es ist besser, dies offen und klar zu sagen, als durch Umbiegung oder Überhöhung der Texte den klaren Tatbestand zu verdecken.

Wer aber bei der Erklärung und Darstellung dieser Psalmen des Volkes mitgegangen ist und die Psalmen nachgelesen hat, wird dies auf jeden Fall gespürt haben: In ihnen sind wir auf ein Fundament gestoßen, von dem allein her die ganze Weite und die ganze Tiefe der Psalmen verständlich wird. In dem nämlich, was das Volk Israel *in seiner eigenen Geschichte* erfuhr an Gottestaten, die sein jubelndes Lob, an Gottestaten, die seine flehende Klage hervorriefen, liegt der Grund seines Rufens zu Gott in Lob und in Klage überhaupt. Wir werden die Psalmen, die der christlichen Gemeinde lieb und wert sind, nicht wirklich verstehen können, wenn wir sie losgetrennt von dieser Grundlage, losgetrennt von der Klage des Volkes und dem Gotteslob des Volkes, wie es aus seiner Geschichte erwuchs, zu verstehen und mitzubeten suchen.

Darum wollen wir bei den bisher gehörten Psalmen mit einer christlichen Deutung nicht so schnell bei der Hand sein. Wir sollten sie zunächst einfach hören, wir sollten zunächst einfach diesen gewaltigen Rhythmus der betenden Worte Israels aus den Tiefen und von den Höhen seiner Volksgeschichte auf uns wirken lassen. Sie werden dann bei den anderen, uns näheren Psalmen ganz von selbst mitsprechen. Sie werden dabei sein, wenn wir den 23. Psalm hören oder den 46.; wir werden dieses Fundament nicht mehr aus den Augen verlieren. Später wird dann noch einiges dazu zu sagen sein, wie sie auch für uns zum Ganzen des Psalters gehören. Denn der Psalter ist ein Ganzes.

Der Klagepsalm des Einzelnen (KE)

1. DIE TEXTE

Der Klagepsalm des Einzelnen ist die im Psalter bei weitem am häufigsten begegnende Psalmengattung. Es gehören etwa 50 Psalmen ihr an: 3—17 außer 8; 9; 15; 22—28 außer 24; 31; 35—43 außer 37; 40 A; 51—64 außer 60; dazu 69; 71; 73; (77); 86; 88; (94); 102; 109; (120); 130. Außerhalb des Psalters: Klagl 3; die Klagen Jeremias in Jer 11; 15; 17; 18; 20; vielen Teilen des Hiobbuches liegen Motive der KE zugrunde. Einzelne Motive der KE begegnen an vielen anderen Stellen.

2. DER GOTTESDIENSTLICHE VORGANG

Auch der Klagepsalm des Einzelnen ist ein gottesdienstliches Gebet. Aber bei der Fülle der Formen, auch der abgewandelten Formen des KE im Psalter darf der gottesdienstliche Vorgang, zu dem er gehört, nicht zu eng gefaßt werden. Die Erzählung von der Mutter Samuels, mit der das erste Samuelbuch beginnt, zeigt am klarsten, welchen Platz diese Psalmenart im alten Israel hatte. Ein Mensch kommt mit seinem schweren Leid zum Heiligtum und schüttet dort sein Herz vor Gott aus. In sein Flehen hinein bekommt er — hier vom Priester — die Zusage, daß Gott ihn gehört hat. Diese Zusage bewirkt bei dem Klagenden eine Wandlung: er ist nun der Erhörung durch Gott gewiß. — Ein anderes Beispiel ist die Krankheit Hiskias, Jes 38. Hier fleht der König von seinem Krankenbett zu Gott um Heilung, und der Prophet Jesaja wird zu ihm gesandt, ihm zu künden, daß Gott ihn gehört hat. Dies Beispiel zeigt, daß die Klage des Einzelnen, obwohl gottesdienstliches Gebet, nicht nur im Tempel erhoben werden kann, was auch aus vielen anderen Stellen hervorgeht. Der gottesdienstliche Vorgang, zu dem außer dem Klagegebet auch das Heilsorakel, die Antwort von Gott her, gehört, ist bei den Klagepsalmen des Psalters wohl vorausgesetzt, und es gibt Psalmen, bei denen man eine solche Handlung, die den Beter der Erhörung gewiß macht, ganz unmittelbar spürt (z. B. Ps 6 und 28); die Psalmen selbst aber stellen nur die eine Seite des Vorganges dar: das Gebet des Klagenden. Die durch einen Gottesmann (Priester oder Kultprophet) erteilte Antwort wird in den Psalmen selbst nicht wiedergegeben; wohl aber zeigen die meisten dieser Psalmen eine Wendung oder Brechung der Klage, die erst von einem von außen an den Beter ergehenden Zuspruch her ganz verständlich wird. Es ist möglich, daß darüber hinaus noch ins einzelne gehende gottesdienstliche Vorgänge anzunehmen sind: bei dem Gebet eines zu Unrecht Angeklagten; bei Kranken; bei solchen, die im Heiligtum Asyl suchen. Dies alles ist aber bisher mehr Vermutung als eine feste Grundlage für das Verstehen der Psalmen.

3. EIN BEISPIEL: PSALM 13

Ein ganz kurzer, ganz einfacher Psalm, der uns aber gerade so das Wesen dieser Psalmengruppe schön erschließen kann. Beim Hören auf diesen Psalm müssen wir voraussetzen, daß er in Jahrhunderten die Gestalt bekam, in der er uns überliefert ist, daß er, längst bevor er aufgeschrieben und einer Sammlung eingefügt wurde, das Leid und die Angst vieler Generationen faßte und barg, daß die Worte dieses Psalms vielfältig durchlebt, durchlitten, durchglüht wurden von den Lauten leidender Menschen, die ihr Leid vor Gott brachten. In dieser langen und bewegten Vorgeschichte bekam er seine äußerst sparsame Gestalt, in der jedes Wort für viele Sätze, für ganze Gedankenreihen steht.

Der Psalm setzt ein mit der vierfachen Frage »Wie lange?«. Es ist das »Wie lange?« der an Gott gerichteten Klage, wie wir sie im Volksklagepsalm auch fanden. Es ist das so menschliche, so natürliche »Wie lange?«, das der Leidende spricht, der es nicht mehr aushalten kann unter dem anhaltenden Schmerz, dem anhaltenden Druck, der anhaltenden Aussichtslosigkeit. Es begegnet häufig auch in babylonischen Klagepsalmen; es ist weder spezifisch biblisch noch spezifisch israelitisch, es ist ganz, ganz menschlich. *Darum,* weil sie das ist, ist diese Klage »Wie lange?« eine spezifisch gottesdienstliche Ausdrucksform geworden, von den primitiven Religionen über Babylon und Israel bis in das christliche Kirchenlied: »Ach wie lang, ach lange ist dem Herzen bange ...«

Die vier Fragen sind klar in sich gegliedert. Die ersten beiden haben Gott zum Subjekt:

Wie lange, Jahwe, vergißt du mich immer,
wie lange verbirgst du dein Antlitz vor mir?

Es ist die Anklage Gottes; die Frage richtet ihr ganzes Gewicht zunächst (nicht zufällig ist sie bei diesem ersten Glied der Klage doppelt) dorthin, wo das Leid des Leidenden seinen Ursprung haben muß. Die Fragen reden sehr menschlich von Gott: »Wie lange vergißt du mich? Wie lange verbirgst du dein Gesicht vor mir?« Aber gerade diese menschlichen Fragen zeigen die Echtheit eines Gottesverhältnisses, in dem Freude, Glück, freies Atmen und Gesundheit gar nicht anders gedacht werden können als beruhend auf Gottes Zugewandtsein, auf Gottes Beachten; sind sie aber fern, dann ist Gott fern.

Das Sich-selbst-Beklagen, die Ich-Klage kommt schon her vom Hinblicken auf Gott: »Wie lange soll ich Kummer tragen . . . ?« fragt der Betende, und er fragt auch so in Richtung auf Gott; wer sonst könnte ermessen, was der Leidende zu ertragen vermag? Der dritte Aspekt der Klage gehört dazu: »Wie lange soll sich mein Feind wider mich erheben?« Wie lange noch – denn das Triumphieren des Feindes über den Frommen spricht gegen Gott –, wie lange soll das gehen? Was denn nun eigentlich das Leid des Betenden ist, erfahren wir nicht, die dreifache Klage deutet es nicht einmal an. Auch bei sehr viel ausführlicheren Klagepsalmen des Einzelnen erfahren wir das nicht. Nur bei wenigen sind die Symptome des Leidens deutlicher genannt. Hier stoßen wir auf eine wesentliche Eigenart dieser Psalmengruppe. Das, was der Beter in seiner Klage vor Gott bringt, ist sein Leid, aber es ist nicht das, was wir darunter verstehen. Es sind nicht in erster Linie die Symptome des Leids, das also, was an der Oberfläche des Empfindens den Sinnen wahrnehmbar ist; das Leid ist hier vielmehr die Störung eines Heilseins oder Ganzseins, die sich nicht primär in den Symptomen zeigt, sondern in den Beziehungen des Lebendigseins: im Verhältnis des Klagenden zu Gott, zu sich selbst, zu den anderen. Diese drei Relationen sind es, die in den Klagepsalmen entfaltet werden, nicht aber die von ihnen gelösten, isolierten Symptome. Darin ist es begründet, daß wir von den Leiden der Leidenden – so wie wir das Wort verstehen – so wenig erfahren. Darin ist es aber auch begründet, daß diese Psalmen in einer solchen Tiefe und Breite in das Leben dieser Gemeinschaft eingedrungen sind. Sie haben eine Tradition und Geschichte dieser Gattung des Klagepsalms geschaffen, der schwerlich eine andere an die Seite gestellt werden kann. Diese an Gott gerichtete Klage des Einzelnen ist nicht nur im Psalter die zahlenmäßig stärkste Gattung; sie hat weit darüber hinaus ihre Bedeutung für das ganze Alte Testament, wie es vor allem die Klagen Jeremias und das Buch Hiob zeigen.

Der Klage folgt die Bitte; wir finden hier die schon in den KV beobachtete Zweigliedrigkeit wieder. Zuerst fleht der Beter zu Gott, er möge sich ihm zuwenden: »Schaue her, erhöre mich!« (ganz den ersten beiden Sätzen der Klage entsprechend); dann bittet er: »Mache hell meine Augen!«, eine indirekte Bitte um Gottes Eingreifen: wenn Gott ihm hilft, dann (erst) werden seine Augen wieder leuchten. Wenn ein Mensch in seiner Not Gott bittet: »Schaue her!«, so bedeutet das nicht etwa, er nimmt Gott etwas von seinem Gottsein, er streicht etwas von seiner »Allwissenheit«; in dieser Bitte zeigt sich vielmehr, daß ein Mensch nicht einfach immer Gott gleich nahe ist, er erfährt in seiner Wirklichkeit ein Fernsein Gottes, und sein Rufen zu Gott hat den Sinn, Gott wieder nahezukommen. Auch hier hat die Bitte Beweggründe bei sich, die sie verstärken sollen. Während die Bitte selbst ganz der Anklage Gottes entspricht, entsprechen die beiden Motive dem zweiten Glied (Ich-Klage) und dem dritten Glied der Klage (Feindklage). »Daß ich nicht zum Tod entschlafe«; Kummer und Schmerzen (V 3) sind hier als Schritte in den Tod hinein verstanden; Tod ist nicht nur Ende des physischen Lebens, sondern in das Leben hineinragende Macht. — Das andere Motiv, der Hinweis auf den Triumph der Feinde, ist schon bei dem betreffenden Teil der Klage erklärt.

Nun folgt in V 6 ein »Aber«, es zeigt eine Wendung an. Der Klagende tut einen Schritt aus der Klage heraus, in einem Bekenntnis der Zuversicht stellt er sich auf einen Grund, auf dem die Klage still werden kann. Es gibt nicht nur die sein Leben bedrohenden und zerstörenden Mächte, es gibt noch eine Macht, und der vertraut er sich an: »Ich aber — auf deine Güte traue ich.« — An dieses das Reden der Klage wendende Vertrauensbekenntnis schließt sich zugleich als Abschluß des Psalms — ein Versprechen. Sein erster Satz ist als Wunsch formuliert; aber es ist mehr als ein Wunsch: In der neugewonnenen Zuversicht, die sich auf Gottes Güte gründet, tritt der zu Gott Flehende jetzt schon in wagendem Glauben in die Stunde der Rettung hinüber, in der er jubeln wird über Gottes Hilfe. Im zweiten Satz wird die Wunschform zur Aussage: »Ich will dem Herrn singen, daß er mir Gutes getan.«

In diesen letzten Sätzen des 13. Psalms zeigt sich das Geheimnis der Klagepsalmen des Einzelnen. Es zeigt sich nur andeutend. Was sich zeigt, ist die Tatsache einer Wendung innerhalb des Klagegebets. Sie zeigt sich in der ganzen Gattung, wenn auch in sehr verschiedenem Grad und auf sehr verschiedene Weise. Die Tatsache aber ist nicht zu übersehen, und sie wird in der Auslegung der Psalmen allgemein anerkannt und beachtet. Die Erklärung dieser Wendung innerhalb des Klagepsalms liegt in der Richtung des Heilsorakels, von dem bei den Klagen des Volkes an der gleichen Stelle die Rede war. Das Geheimnis der Wendung ist aber damit nur ein Stück weit erklärt. Es wird niemals gelingen, ganz zu klären, wie durch eine lange Zeit und in einer großen Vielfalt von Psalmen so gebetet werden konnte, daß innerhalb des Gebets diese Wendung sich vollzog, daß der Klagende in dem schmalen Zeitraum seines Gebets aus der Klage hinübertrat in das Vertrauen, in die Gewißheit der Erhörung seines Gebets, in die Vorausnahme des Jubels des Geretteten. Hier ist mehr im Spiel als ein kultischer Hintergrund des Gebets, mehr auch als ein »Stimmungsumschwung«, wie es viele Kommentare erklären. In dieser so vielfach bezeugten Wende von der Klage zum Vertrauen oder zum Gotteslob haben wir es mit dem direkten Zeugnis, der direkten Spiegelung eines Einwirkens von draußen, von anderswoher, eines erfahrenen und in solcher Erfahrung in der Struktur dieser Psalmen Gestalt gewordenen Handelns Gottes zu tun.

Wir werden bei einem Überblick über die ganze Gattung dieser Psalmen eine deutliche Grenze finden, die unserem Mitbeten hier gesetzt ist; um so wichtiger ist, daß wir von vornherein dieses eine, wichtigste Wesensmoment dieser Psalmengruppe sehen, das sie eindeutig zu einem Zeugnis des Wirkens Gottes macht.

4. DER AUFBAU

In den Hauptteilen stimmen die KE mit den KV überein; beide sind ja Klage und Bitte aus einer Not, an Gott gerichtet. So hat auch der KE die Teile: Anrede, z. T. mit einleitendem Hilferuf, Klage in den drei Gliedern, Bitte mit Motiven, Worte, die eine Wende der Klage zum Ausdruck bringen. Doch gibt es auch sehr deutlich unterscheidende Merkmale. Sie sind dadurch bedingt, daß die Nöte des Einzelnen anderer Art sind und die Abwendung dieser Nöte darum auch anders ist und anders erwartet wird. Der Abstand zwischen Not und Rettung, zwischen Leid und Abwendung des Leids ist im Horizont des Einzellebens gewöhnlich geringer als im Horizont des Volkslebens. Darin ist der wichtigste Unterschied im Aufbau begründet, daß nämlich die KE zum großen Teil innerhalb des Psalms die Wende der Klage zum Vertrauen oder zur Gewißheit der Erhörung erkennen lassen. Es ist durchaus sinnvoll und verständlich, daß in den KV in diesem zeitlich weiteren Horizont das Hinblicken der Flehenden auf Gott und sein Tun die Vergangenheit umspannt und daher der Rückblick auf die Vergangenheit in den KV einen festen Bestandteil bildet (vgl. Ps 80), in den KE aber nur ganz selten begegnet (z. B. Ps 22; 143). Statt dessen liegt in den KE der ganze Nachdruck dieses Hinblickens auf Gott im Vertrauensbekenntnis, und zu diesem treten oft noch Worte, die die Gewißheit der Erhörung aussprechen. Ein großer Teil der KE mündet am Ende in Worte des Gotteslobes (Ps 22); das begegnet bei den KV fast nie. Das Lobgelübde ist ein fester Bestandteil der KE; wenn es fehlt, ist sein Fehlen meist zu erklären.

Innerhalb der Gattung der KE gibt es große Unterschiede. Man kann von erhörten Bitten bei solchen Psalmen sprechen, in denen die Gewißheit der Erhörung oder das Gotteslob den Schluß des Psalms bestimmt, von offenen Bitten bei solchen, die erst auf die Erhörung warten. Man kann Typen von KE danach unterscheiden, daß einer ihrer Teile besonders betont ist oder gar den ganzen Psalm bestimmt. Die Teile, die bei den KE ganz in den Vordergrund treten können, sind vor allem die Feindklage und das Bekenntnis der Zuversicht.

5. TYPEN DER KLAGE DES EINZELNEN

a) Nur in einem kleinen Teil der KE steht das persönliche Leid des Klagenden so offen im Vordergrund, daß wir es erkennen. Oft lassen einzelne Sätze der Klage eine Krankheit als *Ursache des Leids* erkennen; aber in kaum einem Psalm ist mit Sicherheit *nur* eine Krankheit Grund der Klage. So läßt sich keine feste Gruppe von Krankheitspsalmen heraussondern. Von Krankheit ist besonders die Rede in Ps 22; 38; 102; sonst finden sich nur einzelne Sätze, die auf Krankheit schließen lassen, bei denen man aber nie ganz gewiß sagen kann, ob sie nicht in einem bildhaften Sinn gemeint sind, wie die Bitte »Heile mich, Herr!« durchaus nicht immer die Bitte eines Kranken sein muß, die Bitte »Schaffe mir Recht!« oder »Führe meine Sache (meinen Prozeß)!« durchaus nicht immer die Lage eines Angeklagten oder Verurteilten voraussetzt. Es ist versucht worden, eine Gruppe von KE (besonders Ps 7; 35; 37; 69) als Gebete zu Unrecht Angeklagter zu deuten. Das ist möglich, aber deswegen doch nicht sicher, weil Leid und Unrecht hier noch einander merkwürdig nahe sind. Ein »Beleidigter« kann in den Psalmen aus der gleichen Lage heraus zu Gott rufen »Heile mich!«, »Befreie mich!«, »Schaffe mir Recht!«. Deswegen sind alle Versuche, einzelne Psalmen auf einzelne Situationen festzulegen, bisher noch nicht auf sicherer Grundlage. Wir müssen uns beim Verstehen dieser Psalmen damit zufriedengeben, daß wir das Leid der Menschen, die diese Klagen vor Gott brachten, nicht direkt wahrnehmen, sondern wie in einer Brechung durch das Spektrum der traditionellen Form dieser Psalmen, die dazu diente, daß jeder sein ganz persönliches Leid hineinlegen konnte in die schon von Vätern und Vorvätern geklagte Klage; daß er sein nur ihm eigenes Leid bergen konnte in der schon tausendfach zu Gott getragenen Klage.

b) Das eben Gesagte gilt ganz besonders für den großen Komplex der *Feindklage,* das bei weitem stärkste und häufigste Motiv in dieser häufigsten Psalmengattung. In Ps 13 standen die Feinde nur ganz am Rande, doch gehören sie wesentlich zu dem Gebet. Auch in Ps 23, einem Vertrauenspsalm, fehlen sie nicht. Während es bei den KV ganz eindeutig um politische Gegner, also feindliche Völker geht, bleibt es in den KE dunkel, wer eigentlich diese Feinde sind, obwohl so viele Sätze dieser Psalmen von ihnen handeln. Da das, was von ihnen gesagt wird, so ähnlich ist und immer nur Typisches, niemals konkret Einmaliges sagt, werden alle diese Psalmen im großen und ganzen an dieselben Feinde denken. *Ein* Handeln dieser Feinde ist es, wovon in diesen Gebeten geredet wird, was ihnen wichtig ist; von ihm ist aber überaus häufig (in etwa 36 Psalmen) und in vielen Worten und Bildern die Rede: Sie bedrohen den Betenden, sie haben einen Anschlag auf ihn vor, sie suchen ihn zu Fall zu bringen. Drei Bilder kehren dabei immer wieder: Sie stellen dem Beter Netze oder Fallen (z. B. 140, 5b f.); sie bedrohen ihn wie wilde Tiere (z. B. 17, 11); sie greifen ihn wie Krieger an (7, 13). Dazu wird geschildert, wie sie sich gegen den Frommen zusammenrotten und Pläne gegen ihn schmieden (56, 7); wie sie ihn drohend umgeben (22, 13 f. 17); wie sie ihn hassen (25, 19). Diesem Handeln entspricht das Reden der Feinde: Es eilt den angedrohten Taten voraus, es ist Hohn und Spott (42, 11; 69, 10; 89, 52), es ist offene, wilde Schadenfreude (35, 13; 13, 4), sie weiden sich am Unglück des Frommen (22, 18b; 35, 21).

Zu diesem gegen den Betenden gerichteten Handeln und Reden treten in vielen Psalmen allgemeine Aussagen, die die Feinde als frevelhaft und falsch gegen Menschen und gegen Gott hinstellen. So werden sie auch Übeltäter, Frevler, Heuchler, Böse, Toren und ähnlich genannt. In der Lutherübersetzung begegnet oft die Übersetzung »Gottlose«. Sie darf nicht im modernen Sinn dieses Wortes verstanden werden; ein theoretischer, »grundsätzlicher« Atheismus ist in der Welt der Psalmen noch nicht möglich. Trotzdem weist die Bezeichnung »Gottlose« (die im hebräischen Text keine genaue Entsprechung hat!) auf einen Zug dieser Frevler, der oft hervorgehoben wird: »Es spricht der Tor (= Frevler) in seinem Herzen: Es ist kein Gott.« Der Satz ist nicht als theoretische Bestreitung der Existenz Gottes gemeint, sondern ist ein Urteil der Frommen über ihre Gegner, die Gott in ihrem Leben nicht wirklich ernst nehmen, »sie lehnen sich auf wider Gott« (5, 11), »er verachtet den Herrn in seinem Hochmut« (10, 3; auch 28, 5; 36, 2; 52, 9; 54, 5; 55, 20; 73, 11 und öfter). Dazu wird allgemein von ihrer Schlechtigkeit, ihrer Bosheit gesprochen (14, 1. 3 f.; 26, 10; 28, 4; 36, 5; 52, 3 ff.; 55, 11 f. und öfter).

Das alles sind *sehr* allgemeine Bestimmungen der Feinde des Beters; sie lassen nicht erkennen, wer damit gemeint ist. Auch die bisherigen Versuche, sie näher zu bestimmen (Mowinckel z. B. wollte sie nach babylonischen Parallelen als Zauberer deuten), sind bisher nicht gelungen. So viel aber läßt sich mit Sicherheit sagen: Die Feindschaft dieser Feinde ist, obwohl es sich bei ihnen meist um eine Mehrheit handelt, immer nur auf den einen gerichtet, der im Psalm spricht; dieser eine ist durchweg *allein* der Angegriffene. Niemals kommt auch nur andeutend zum Ausdruck, daß er einer Gruppe angehöre und der Angriff einer Gruppe gelte. Damit hängt der andere, ebenso auffällige Zug zusammen, daß dieser eine, von Feinden Bedrohte diesen anscheinend ohnmächtig ausgeliefert ist. Niemals taucht auch nur entfernt der Gedanke an Widerstand auf. Die vielen Bilder vom Kampf, die in der Feindklage begegnen, sind absolut einseitig, sie sind immer nur auf den Gegner bezogen: *allein* der Gegner ist Kämpfender, niemals der Klagende. Deutlich läßt sich erkennen, daß der Klagende und seine Feinde derselben Lebensgemeinschaft angehören. Sie besuchen einander (41, 6 f.), die Feinde reden freundlich mit dem Klagenden (55, 22). Manchmal ist gerade dies eine ausgesprochene Klage, daß es ein Nächster, ein Freund ist, der sich gegen den Beter gewandt hat. Er kann den freundlichen Worten nicht trauen, sie sind Lüge und Falschheit (55, 22); die Feinde haben glatte Zungen, aber dahinter steht Haß. In allen diesen Aussagen von den Feinden scheint doch etwas deutlich zu werden: das Bild einer auseinanderbrechenden, von Gegensätzen bestimmten Gemeinschaft zeichnet sich ab, in der eine übermächtige einer ohnmächtigen Gruppe gegenübersteht, diese ohnmächtige Gruppe aber keinerlei Zusammenschluß hat, sondern lauter Alleinstehende umfaßt, die von den anderen zwar dauernd bedrängt werden, aber offenbar nicht bis zu Mißhandlung und Vernichtung. Dabei ist der eigentliche Grund des Gegensatzes das Gottesverhältnis: Nach der Meinung der Beter, die sich selbst als die Frommen, Gerechten bezeichnen, nehmen die anderen Gott nicht ernst. Darin liegt auch die tiefste Anfechtung der Beter: Die anderen können ungestraft in ihrer »Gottlosigkeit« weiterexistieren, sie können ungestraft die Frommen verhöhnen (besonders Ps 73). Alle diese Züge sind verständlich in der nachexilischen Zeit, in der Israel Provinz eines der Großreiche ist und damit die Zugehörigkeit zu Israel nicht mehr identisch ist mit der Zugehörigkeit zur Gemeinde des Gottes Israels. Man kann vermuten, daß mit den Frevlern besonders die Gruppen der Bevölkerung gemeint sind, die sich in ihrer ganzen Lebensgestaltung der heidnischen Umwelt anpaßten (z. B. kennen wir einen Zug solcher Anpassung: seitdem das Land unter griechischer Oberherrschaft stand, finden Elemente der griechischen Kultur Eingang, was sich besonders in der griechischen Namensgebung zeigt), die sich nicht mehr streng an die Thora hielten, aufklärerisch dachten und dabei wahrscheinlich auch sozial überwiegend zu einer reichen, beherrschenden Oberschicht gehörten.

Diese Erklärung des Gegensatzes zwischen den Frommen, die in diesen Psalmen klagen, und ihren Feinden ist zwar nicht sicher, sie kann nur vermutet werden, sie macht aber die durchgehenden Züge der Beschreibung der »Frevler« am besten deutlich; *alles,* was in den vielen Feindklagen von den Gegnern der Frommen gesagt wird, ist in dieser Situation verständlich. Derselbe Gegensatz zwischen Frommen und Frevlern begegnet noch in einem anderen Buch des Alten Testaments in großer Breite: in den Sprüchen. Und auch hier ist es die spätere, jüngere Schicht der Sprüche, in der der Gegensatz von Frommen und Frevlern oder Toren, wie sie hier meist heißen (wie in Ps 14, 1), unermüdlich variiert wird. Sie wird der gleichen Zeit und der gleichen Lage im Volk angehören.

Aus dieser Lage heraus wird uns nicht nur die Schilderung der Feinde der Klagenden in den KE verständlich — auch die für uns als Glieder der Kirche Christi so schwere und schwer nachzusprechende Bitte um Vernichtung der Feinde, die in so vielen dieser Psalmen an Gott gerichtet wird, kann von da aus begreiflich werden. Die Gemeinde derer, die am Gott der Väter festhielten, die in seinen Geboten die Wegweisung für ihr Leben sahen, die von der Freude an seinem Wort lebten, war im eigenen Land in der Minderzahl; sie waren die »Armen« — die Macht hatten die anderen. Sie standen für Gott und seine Sache ein und konnten es gar nicht anders ansehen als so, daß Gottes Sache mit ihnen, den Frommen, stehen und fallen mußte. Für sie gab es vom Alten Testament her noch nicht die Möglichkeit, daß Gott jenseits des Todes sein Ja zu dem spreche, der sich zu ihm hielt; die Sache für oder gegen den Frommen *mußte* auf dieser Erde, *mußte* zu Lebzeiten des einzelnen Frommen entschieden werden, eine andere Möglichkeit gab es für sie noch nicht. Und *deshalb* gab es für sie auch nicht die Möglichkeit, im Leiden *und* im Sterben Gott zu verherrlichen, Gott groß zu machen. Hier war die Grenze des Gottesglaubens im Alten Testament: Sein Gott ist ein Gott der Lebenden, mit dem Tod hört die Gottesbeziehung radikal auf. Das wird so oft in den Psalmen gesagt als ein Beweggrund, der Gott vorgehalten wird: »Die Toten loben Gott nicht«; alles Gotteslob wird mit dem Tod abgeschnitten. Das ist der eigentliche Grund dafür, daß die Sache zwischen dem Frommen und dem Frevler auf der Erde, zu Lebzeiten beider entschieden werden muß; stirbt der Fromme in seinem Elend und triumphiert der Gottlose über ihn, kann dieser trotz seiner Empörung gegen Gott im Glück weiterleben, während der Fromme elend zugrunde geht — dann *konnte* das damals nicht anders verstanden werden denn als Entscheidung Gottes gegen den Frommen und für den Frevler, und damit zerbrach dann wirklich das Fundament des alttestamentlichen Gottesglaubens. Deswegen gehörte zum Flehen des angefochtenen Frommen um Rettung aus seinem Elend als die dazu notwendige Entsprechung die gegen die Feinde gerichtete Bitte. Erhörte Gott diese Bitte, so hatte diese Erhörung zwei Seiten: griff Gott für den Frommen ein, so war dies gleichzeitig ein Eingreifen gegen die Feinde.

Gerade darin aber ist für die christliche Gemeinde durch das Kommen Christi ein grundlegender Wandel eingetreten: Das Leiden und Sterben, das bis dahin nur als Sich-Abwenden Gottes, nur negativ gesehen werden konnte, ist durch Christus eine positive Möglichkeit geworden. Gott hat sein Ja dazu gesprochen, Christus konnte durch sein Leiden und Sterben Gott verherrlichen, Gott preisen, und dasselbe kann auch in seiner Nachfolge geschehen. Damit zugleich ist das Entsprechungsverhältnis zu den Feinden der Frommen zerbrochen: Denen, die aus einer Not zu Gott flehen, an der die Feinde Gottes beteiligt sind, ist nun die Möglichkeit gegeben, Gottes Ja, Gottes Bestätigung auch im Leiden, auch im Sterben zu erfahren, ohne daß sie Gottes Einschreiten gegen ihre Feinde sehen müssen. Der Gemeinde Christi ist die Bitte um Vernichtung ihrer Feinde, überhaupt die Bitte gegen die Feinde, ein für allemal abgenommen. Des zum Zeichen hat Christus am Kreuz nicht gegen, sondern *für* seine Feinde zu Gott gerufen: »Herr, vergib ihnen, denn sie wissen nicht, was sie tun!«

Nun sind hier allerdings auch in den Psalmen große Unterschiede. Der große 22. Psalm z. B. enthält zwar eine ausführliche Schilderung der Feinde, aber keine einzige Bitte gegen sie, während der 109. Psalm fast nur aus Bitten gegen die Feinde besteht. Zwischen diesen Extremen gibt es viele Zwischenformen. Es ist nach dem Gesagten berechtigt, wenn im Leben und Beten der Psalmen in der christlichen Gemeinde hier Unterschiede gemacht werden, wenn also solche Psalmen, die ihr ganzes Schwergewicht in einem gegen die Feinde gerichteten Beten haben, auch im Lesen und Beten der christlichen Gemeinde zurücktreten.

c) Bei einer nur kleinen Gruppe von KE tritt das *Sündenbekenntnis* stärker hervor. Seinen Ort hat es im Beweggrund bei der Bitte; die eigentliche Bitte ist immer die um Rettung aus der Not, die Bitte um Vergebung tritt manchmal hinzu, und nur ganz selten wird sie zur Mitte des Psalms (wie in Ps 51). In der christlichen Kirche wurden diese sogenannten Bußpsalmen (6; 32; 38; 51; 69; 102; 130) oft besonders hervorgehoben; im ganzen aber ist das Sündenbekenntnis und die Bitte um Sündenvergebung in den KE selten. Diese Tatsache ist tief im Menschenverständnis der Psalmen begründet. Äußeres Ergehen und inneres Verhalten zu Gott sind hier nahe beieinander. Wenn ein Mensch gegen Gott sündigt, so zeigt sich das an seinem Ergehen; und umgekehrt weist ein Schlag, der einen Menschen trifft, auf eine Verfehlung. So werden besonders Krankheit und Sünde nahe beieinander gesehen; diese Anschauung reicht ja noch bis in das Neue Testament. Darum ist entsprechend das Erhören und das helfende Eingreifen Gottes, um das der Klagende bittet, gleichzeitig Vergebung, es begreift die Vergebung in sich. Wenn also im 13. Psalm der Klagende sagt: »Schaue her!«, so erfleht er damit die Zuwendung Gottes, und die ist als solche ein Erbarmen, Begnadigen. Eine besondere Bitte um Sündenvergebung ist hier nicht nötig, weil sie in der Bitte um Gottes Zuwendung enthalten ist. Man kann dann aber keinesfalls sagen — wie es oft geschehen ist —, daß die Psalmen, in denen die Bitte um Sündenvergebung besonders ausgesprochen wird, deswegen dem Neuen Testament näher stünden als z. B. Ps 13 oder 22, in denen diese Bitte nicht ausgesprochen ist. Was im Grunde mit Sündenvergebung gemeint ist, nämlich die gnädige Zuwendung Gottes zu einem Menschen, der gefehlt hat, kann auch da sein, ohne daß sie besonders in Worte gefaßt wird. Es ist anzunehmen, daß solche Psalmen, in denen viel und betont von Sündenvergebung gesprochen wird, wie der 51., späte Psalmen sind, aus einer Zeit, in der die Einheit von körperlich-geistiger Existenz vor Gott nicht mehr so selbstverständlich war.

Neben diesen Psalmen, in denen ein Beter seine Sünden bekennt und um ihre Vergebung bittet, stehen die *Unschuldspsalmen* wie 5; 7; 17; 26 und andere, die Gott gerade dadurch bewegen wollen, daß der Betende seine Unschuld an einem Frevel beteuert. Wenn es in diesem Zusammenhang in Ps 26 heißt: »Ich wasche meine Hände in Unschuld und umwandle deinen Altar, o Herr«, so ist damit auf einen gottesdienstlichen Brauch angespielt, bei dem eine Unschuldsbeteuerung in einer bestimmten Situation eine feierliche Gestalt bekam. Es ist zum Verständnis der Psalmen wichtig, daß hier Sünde und Freisein von Sünde noch nicht so verallgemeinert sind wie im Sprachgebrauch des Neuen Testaments. In derselben Psalmengattung kann im Beweggrund bei der Bitte einmal ein Sündenbekenntnis, einmal eine Unschuldsbeteuerung stehen. Es gibt Stunden, in denen ein Mensch, der aus seiner Not vor Gott tritt, seine Sünde bekennt; es gibt Stunden, in denen er seine Unschuld beteuert. Er ist nicht immer Sünder und zugleich Gerechter.

d) Das für die KE so wichtige *Bekenntnis der Zuversicht* (vgl. zu Ps 13, 6) hat sich zu einem eigenen Psalm verselbständigt, dem Vertrauenspsalm: 23; 27, 1–6; 62; 63; 71; 131. Diese Psalmen, voran der 23., haben mit Recht in der christlichen Kirche eine besondere Bedeutung bekommen. Leider sind sie dabei nicht selten mißdeutet und verharmlost worden. Das Vertrauen zu Gott, das in diesen Psalmen einen eigenen Ausdruck bekam, ist nicht eine menschliche Haltung, und die Bilder, in denen es im 23. Psalm dargestellt wird, sind nicht ein Idyll. Diese Psalmen sind vielmehr nur auf dem Hintergrund der Klagepsalmen, von denen sie herkommen, richtig zu verstehen. Sie alle sind angesichts schwerer Bedrohung gesprochen: »Und ob ich schon wanderte im finstern Tal . . . «, und sie stellen als ganze eine Bewegung dieser Bedrohung entgegen dar. In allen geschieht das, was ein Ausleger so nannte: »Sich Gotte in die Arme werfen.«

Es gibt auch einen Vertrauenspsalm des Volkes: vor allem Ps 123; dazu auch 125; 126 und abgewandelt Ps 90.

Der 123. Psalm, eines der ganz großen Kunstwerke des Psalters und ein in seiner Kürze gewaltiges Gebet, besteht eigentlich nur in der Entfaltung *eines* Bildes:

> *Siehe, wie Knechte ihre Augen erheben auf die Hand*
> *ihres Herrn,*
> *wie die Augen der Magd auf die Hand der Gebieterin, –*
> *so blicken unsere Augen auf den Herrn, unseren Gott,*
> *bis er uns gnädig ist.*

Eingeleitet ist dieser Psalm durch die Hinwendung zu Gott; auf das Bild folgt nur die eine Bitte: »Sei uns gnädig, o Herr!« mit dem Motiv, das die Klage nur gerade andeutet. Dieser Psalm kann wie wenige klarmachen, was im Alten Testament Gebet ist. Es ist nichts als das Sich-Ausstrecken der leidenden Kreatur zu ihrem Schöpfer, und in dieser flehenden Hinwendung zu Gott ist immer beides, was das Bild zum Ausdruck bringt: Hinwendung zum Herrn, der auch als der Strafende, der Schlagende immer noch der in seiner Majestät respektierte Herr bleibt; Hinwendung zugleich zur Güte des Heilands, von dem allein dem Leidenden Heilung kommen kann. — Liest man diesen Psalm sehr oft und vermag man ihn nachzubeten als einer, der kennt, was in diesem Psalm geschieht, dann wird man staunend still vor dieser völligen Einheit eines gottesdienstlichen Gebetes mit unmittelbarstem, wirklichkeitsgesättigtem Leben. So sind die Psalmen.

Der berichtende Lobpsalm des Einzelnen (LE)

Vom Lob Gottes ist die ganze Bibel erfüllt. Es reicht von dem indirekten, verhaltenen Lob des Schöpfers auf den ersten Seiten der Bibel bis zu den Liedern der Vollendeten am Rande der Zeit in den Geschichten der Offenbarung des Johannes. Mit Lobpsalmen beginnt das Lukasevangelium, und die ersten Lieder der Christenheit waren Siegeslieder der Auferstehung. Das Gotteslob hat eine Fülle von Ausdrucksmöglichkeiten. In ihrer Mitte stehen die Lobpsalmen. Daß im Psalter die Klage das Lob weit überwiege, weil es der Zahl nach viel mehr Klagepsalmen gibt, ist nur Schein; denn in einer großen Zahl der KE wandelt sich die Klage in Lob. Auch in den KV hat es seinen Ort im Rückblick auf Gottes Heilstaten in der Vergangenheit. Vor allem aber steht das Lobbekenntnis der Erretteten am Anfang der biblischen Geschichtsschreibung und zieht sich von da durch die ganze Geschichte.

Dem Klagepsalm des Einzelnen entspricht der berichtende oder bekennende Lobpsalm des Einzelnen, sie gehören zusammen wie zwei Akte eines Dramas. Wenn es am Ende eines Klagepsalms heißen kann: »Ich will dem Herrn singen, daß er mir wohlgetan hat«, so geschieht das hier Versprochene im berichtenden Lobpsalm; er ist die Ausführung des dort Versprochenen, die Erfüllung des dort Gelobten.

1. DIE TEXTE

Ps 9; 18; 30; 31, 8–9. 20–26; 32; 40, 1–12; 66, 13–20; 92; (107); 116; (118); 138. Dazu Jona 2; Klagl 3, 25–58; Hiob 33, 26–28; Jes Sir 51; Ps Sal 15, 1–6; 16, 1–15; Zusätze zu Daniel 1, 65; Od Sal 25; 29; die Sammlung der »Hodajoth« aus den Rollen vom Toten Meer enthält Weiterbildungen dieser Gattung.

2. DER GOTTESDIENSTLICHE VORGANG

Die gottesdienstliche Begehung, zu der diese Psalmengruppe gehört, ist aus den Psalmen selbst deutlich zu erkennen. Die hebräische Bezeichnung der Gattung ist »tôdâ«; das Wort bedeutet Lob und gleichzeitig Lobopfer. Wir können daraus mit Sicherheit erkennen, daß dieser Psalm ursprünglich als begleitendes Wort zum Lobopfer gehörte. Der Ps 66 spricht diese Zusammengehörigkeit aus (13 f.):

Ich komme mit Brandopfern in dein Haus
und bezahle dir meine Gelübde,
zu denen sich aufgetan meine Lippen
und die mein Mund gesprochen in meiner Not.

Der folgende Vers (15) nennt die Opfer, die der Beter darbringt; dann sagt er:

Auf, hört mir zu alle, die ihr Gott fürchtet!
Ich will erzählen, was er mir getan hat.

Und nun folgt das berichtende Lob, die Erzählung von der wunderbaren Errettung aus der Not, die er erfahren hat. Auf ein Opfermahl bei dieser Gelegenheit weist Ps 22, 27; nach Ps 116, 19 wurden solche Opferfeiern im Vorhof des Tempels begangen. Die Erzählung, die mit dem Opfer zur Auslösung des Gelübdes gehört, setzt einen Kreis von Zuhörern voraus, die in den Psalmen oft erwähnt werden. Sie werden bisweilen aufgerufen, in das Lob des Erzählenden einzustimmen:

Erhebet den Herrn mit mir,
und lasset uns alle seinen Namen erhöhen! (Ps 34, 4)

In der Liturgie Ps 118 sind die Verse 22—25 vielleicht die Antwort dieses Kreises der Zuhörenden. Der vor einem Kreis gesprochene (oder gesungene) Bericht von Not und Rettung bekommt damit den Charakter des Bekenntnisses (»hôdâ« bedeutet auch bekennen), so wie das berichtende Lob des Volkes zum geschichtlichen Bekenntnis wurde.

Die Verbindung dieses erzählenden oder bekennenden Lobpsalms mit dem Lobopfer wurde allmählich gelockert; er löste sich ab und wurde selbständig. Das zeigen die Psalmen 34 und 92, die sich mit Motiven der Weisheitsrede verbunden haben und deswegen kaum mehr vom

Lobopfer begleitet waren. Daß der LE daneben seine Bedeutung für den Gottesdienst behielt, zeigen Ps 107 und 118, zwei Liturgien, in denen er — auf ganz verschiedene Weise — die Mitte bildet.

3. DER AUFBAU

Wenn irgendwo, dann kann man an dieser Psalmengattung durch einfaches Nebeneinanderstellen der oben genannten Texte auch ohne jede Vorkenntnis den festen Aufbau einer Psalmengattung erkennen. Durch das Gelübde am Ende der KE ist der LE mit dieser verbunden, der Schluß vieler KE stimmt mit dem Eingang vieler LE überein. Das Lobgelübde am Ende der KE ist am Anfang des LE die Ankündigung, wie ein Vergleich von Ps 13, 6; 56, 14 mit 30, 1 f. zeigt. — Der häufigste Psalmeingang des LE ist diese Ankündigung, z. B. 34, 2:

Ich will den Herrn loben allezeit,
sein Lob soll immerdar in meinem Munde sein!

Dieser Einleitung folgt eine einleitende Zusammenfassung der Erzählung:

... *denn er hat die Stimme meines Flehens gehört* (Ps 116,1).

Der Hauptteil ist dann Gottes Tat bekennender Bericht, fast immer geteilt in den Rückblick auf die Not und den Bericht der Errettung. Dabei ist die Not oft als Gebundensein oder als Sein im Tod beschrieben, die Rettung entsprechend als Lösung aus dem Tod. Auch darin ist die Entsprechung zum Klagepsalm des Einzelnen wieder ganz deutlich: die drei Teile des Berichtes von der Errettung entsprechen den Teilen der KE:

KE

Anruf (mit Klage)
Bitte um Gottes Zuwendung
Bitte um Gottes Eingreifen

LE

ich schrie zu dir
du hast mich gehört
du hast mich aus der Grube gezogen.

Auf diesen Mittelteil folgt der Schluß des Psalms, der sehr verschieden sein kann, aber immer das Gotteslob zum Ziel hat:

Er gab in meinen Mund ein neues Lied: Lob unserm Gott! (40, 4)

Hier ist das rettende Handeln Gottes und das daraus entstehende Lob ganz nahe miteinander verbunden, ähnlich Ps 30, 12. Wir beobachten bei den KE als das wichtigste Merkmal die Wandlung zum Vertrauen, zur Stille, zur Gewißheit oder zum Lob. Genau das spiegelt sich in den LE wider; sie alle sind beherrscht nicht nur von der Tatsache, daß Gott im Leben des so Redenden ein Leid gewendet hat, sondern von dem überraschenden, überwältigenden Wunder dieser Wandlung:

Denn sein Zorn währt einen Augenblick,
ein Leben lang seine Huld;
am Abend kehrt Weinen ein,
aber am Morgen ist Jubel! (30, 6)

Oft kehrt am Schluß das Lobgelübde noch einmal wieder, aber jetzt meist mit der Erweiterung, daß das Loben Gottes mit diesem Bekenntnis nicht zu Ende sein soll, es soll weitergehen, es kann nicht schweigen (30, 13). Das durch Gottes Eingreifen neu geschenkte Leben hat nun den Sinn des Lobes 92, 16; 118, 17; Jes 38, 18 f.:

Denn nicht lobt dich die Unterwelt,
der Tod preist dich nicht . . .
Leben, Leben, das lobt dich!

Am Ende geht das berichtende Lob meist in beschreibendes über. Ps 40, 6 zeigt, wie das eine aus dem anderen herauswächst:

Viel sind der Wunder und Ratschlüsse, die du vollbracht . . .

Der Blick dessen, der in seinem Leben Gottes rettende Tat erfuhr, geht in die Weite des Handelns Gottes: 18, 31 f.; 116, 15; 118, 5–8; Jona 2, 10.

Das berichtende Lob als Antwort des Befreiten, des Erhörten, des Geheilten, des Geretteten auf Gottes Tat an ihm hat es überall dort gegeben, wo überhaupt Menschen ihr Leben gegenüber einem persönlichen Gott führen. Schon in Gebeten der Naturvölker findet man es

(Beispiel bei Heiler, »Das Gebet«, S. 95). Hier hat es die einfachste Form *eines* berichtenden Satzes mit der Anrede; so ein Gebet der Konde (Afrika): »Du hast mich errettet, o Gott!« Irgendeine Form des berichtenden Lobes gibt es in den meisten Religionen. Unter den ägyptischen und babylonischen Psalmen gibt es einige ganz nahe Parallelen zu den LE des Psalters; aber sie sind selten — es überwiegt in diesen beiden Religionen ganz das allgemeine, beschreibende Gotteslob.

Anklänge an das berichtende Lob finden sich auch im Neuen Testament: Luk 1, 46—55; 2, 29—32; Apg 2, 24. Deutlich nimmt Apg 2, 11 Ps 22, 23 auf. Hier zeigt sich, daß im berichtenden Lob eine Wurzel der Verkündigung liegt. Man kann auch im Aufbau des Römerbriefes einen Anklang an den Aufbau des LE finden. Ganz unverkennbar aber findet sich dieser Aufbau wieder in Luthers Lied: »Nun freut euch, lieben Christen g'mein . . .«, wie auch in anderen Kirchenliedern (z. B. der Vers: »Ich rief zum Herrn in meiner Not . . .«). Auf eine ganz andere Weiterbildung will ich nur hinweisen: In den »Bekenntnissen« des Kirchenvaters Augustin kehren die Grundzüge des bekennenden Lobpsalms alle ganz deutlich wieder.

Diese Hinweise mögen zeigen, daß der berichtende Lobpsalm des Einzelnen wie der des Volkes eine ganz besondere Bedeutung hat und eigentümlich in der Mitte der ganzen Psalmendichtung steht. Er ist der unmittelbare Widerhall der Tat Gottes, die vom Volk Gottes oder einem Glied des Gottesvolkes erfahren wurde.

4. EIN BEISPIEL: PSALM 30

V 2a: Die Ankündigung: »Ich will dich erhöhen, o Herr . . .«. Das ist der Sinn des dann folgenden bekennenden Lobpsalms, daß Gott durch ihn erhöht werde. Da wird Gott erhöht, da wird Gott groß, wo aus dem Mund eines, der es bezeugen kann, die im Verborgenen, Alltäglichen geschehene Gottestat vor den anderen froh bekannt wird.

V 2b—4: Die einleitende Zusammenfassung besteht in diesem Psalm nicht nur in einem Satz; offenbar drängt es den, der hier redet, gleich zu Anfang *alles* zu erzählen, was ihm geschah. So ist in dieser Einleitung eigentlich schon der ganze Psalm vorausgenommen: Der erste Satz hätte genügt: ». . . Denn du hast mich aus der Tiefe gezogen«; aber nun muß er gleich hinzufügen, daß dies im Angesicht seiner Feinde geschah, die nun nicht mehr über seinen Sturz triumphieren können (vgl. 13, 5). V 3 sagt, wie das geschah, indem er die beiden Akte hart nebeneinander stellt, in denen sich die Wendung vollzog: in Wort und Antwort, in dem flehenden Ruf des zu Gott Klagenden und der Antwort Gottes, der sich diesem Flehen zuneigte:

O Herr, mein Gott! Ich schrie zu dir,
und du hast mich gesund gemacht!

In diesem Vers ist der ganze Glaube der Psalmen, der in tausendfältiger Erfahrung gewachsene Glaube, daß aus aller menschlichen Not das Tor des flehenden Wortes zu Gott hin offen bleibt und daß dieses Flehen nicht ins Leere geht. –

In V 4 ist die Tat Gottes als Errettung aus dem Tode beschrieben. Hier wird noch deutlicher, was schon zu Ps 13, 4 (siehe S. 50) gesagt war: Tod ist hier anders begriffen als bei uns: Tod ist ins Leben reichende Macht; ein Mensch kann, auch wenn er physisch noch lebt, wenn er noch atmet und sein Herz noch schlägt, doch in einen solchen Grad des Schmerzes, der Angst, der Verzweiflung oder der Lethargie geraten, daß dieser Zustand nicht mehr wirklich Leben genannt werden kann. Darin aber sieht der Psalmist den Tod am Werk, er sieht den so leidenden Menschen schon in den Fängen des Todes und erfährt daher die Befreiung daraus wirklich als eine Errettung aus dem Tod.

V 5 f.: Aufruf an den Kreis der Zuhörenden, in das Lob einzustimmen. Was in dieser »Errettung aus dem Tode« geschehen ist, das ist für den Beter viel mehr als nur eine gute Wendung in einem Einzelschicksal: Weil in diesem Geschehen ein Menschenleben der Macht des Todes entrissen wurde, hat es seine Bedeutung für den Kreis der Lebenden; der Einzelne, dem es widerfuhr, war nur der Ort eines Sieges, der viel weiter reicht. Und darum wird hier ein kleines Einzelschicksal so wichtig, so bedeutsam für das Ganze, weil der Einzelne zum Zeugen einer Macht des Lebens wird, damit die anderen, wenn der Tod nach ihnen greift, kraft jenes Zeugnisses sich fest an diese Macht klammern können.

So nimmt der eine in der Freude des Befreiten die anderen in diese Freude hinein:

Lobsinget dem Herrn, ihr seine Frommen . . .!

Mit diesem imperativischen Lobruf beginnen sehr viele beschreibende Lobpsalmen (s. u.). Hier sehen wir, wie ein Ruf zum Lob von einem Einzelnen ausgehen kann, der aus der Erfahrung einer Gottestat in seinem Leben die Vollmacht bekommt, den Kreis der Menschen um ihn mit diesem Ruf in das Lob hineinzuholen: er weiß es, daß man es kann. Er kann es begründen und tut es in dem schon zitierten schönen Wort (V 6), das den Wandel beschreibt, für dessen Wirklichkeit er einstehen kann: vom Weinen zum Jubel.

V 7–11: Rückblick auf die Not. Dieser Rückblick ist in unserem Psalm erweitert (V 7 f.). Hinzugefügt ist, was der Not voraufging: Der Beter hatte sich in eine gefährliche Sicherheit verstiegen und nicht mehr ernsthaft damit gerechnet, daß sein Wohlergehen ganz an Gottes Güte hing, die er ihm jeden Augenblick entziehen könnte; dann kam der Sturz, und nun erst wurde ihm Gott wieder wirklich, und er schrie zu ihm aus seiner Not (V 9–11). Sein Flehen gibt er ausführlich wieder, und das bestätigt uns die enge Beziehung der LE zu den KE. In V 11 stehen die beiden Glieder der Bitte, in V 10 der mit der Bitte verbundene Beweggrund.

V 12 f.: Der Bericht von der Rettung kann nun ganz kurz sein, weil er eigentlich schon vorausgenommen ist. In dichterisch besonderer Schönheit ist die Wirkung der Tat Gottes mit dieser in eins gesehen:

Da hast du mir meine Klage in Reigen gewandelt,
mein Trauerkleid gelöst, mich mit Freude gegürtet!

So kindlich unmittelbar, so das Innere und das Äußere verbindend, in so strahlender Freude kann hier ein Mensch die Wendung eines Leides in seinem Leben einbetten in das Wirken des ewigen Gottes! Derselbe Gott wird hier bezeugt, von dem die Geschichte des Anfangs erzählt, daß er dem Mann und seiner Frau Kleider anlegte zum Zeichen seiner Vergebung.

V 13: Das erweiterte Lobgelübde. Der Psalm schließt mit dem Versprechen des Lobenden, daß das Gotteslob in seinem Leben wach bleiben solle. Er hat sich eben nicht, wie wir das sagen, bei Gott »bedankt«; das bekennende Lob strahlt aus in die Weite der Zeit, in die Weite des Daseins, das nun vom Lob bestimmt sein soll.

Dieser Schluß des berichtenden Lobpsalms weist deutlich hinüber zum beschreibenden Lob. Denn das Gotteslob, das »nicht schweigen« soll, von dem das Leben des Erretteten erfüllt sein soll, braucht nicht den besonderen Anlaß einer bestimmten Tat Gottes, es kann umfassend, allgemein, das vielfältige Tun Gottes an allen Orten betrachtend, Gott in der ganzen Fülle seines Seins und seines Handelns loben. In Ps 40 ist ein Satz derer, die in das Lob des Erretteten einstimmen, zitiert (V 17): »Sie werden allezeit sagen: Der Herr ist groß!« Das ist ein typischer Satz des beschreibenden Lobes. Auch in Ps 30, 5 f. ist die Aufforderung an den Kreis, in das Lob einzustimmen, mit einem Satz allgemeinen Gotteslobes begründet (s. o.; ebenso Ps 116, 5 f.; 138, 5 f.).

Die Sätze zeigen, wie eine lebendige Verbindung zwischen dem bekennenden Lob des einen, der Heil erfuhr, und dem breiten Strom des Gotteslobes besteht, das ohne besonderen Anlaß erhoben wird, zuerst und vor allem im Gottesdienst erhoben wird, das in allen Religionen einen Wesensbestandteil der Liturgie als Doxologie in vielerlei Gestalten bildet, das getragen wird von der sakralen Musik und ohne das Gottesdienst oder Kultus undenkbar ist.

Es ist wohl zu beachten, daß eine Quelle dieses breiten Stromes der Doxologie, des Lobpreises Gottes, und wahrscheinlich *die* Quelle das bekennende Lob ist, das unmittelbar aus der Erfahrung einer Tat Gottes im Leben eines Menschen oder im Leben einer Gemeinschaft entspringt.

Zum Schluß sei noch auf die auffällige Tatsache hingewiesen, daß in den LE die Feinde niemals eine solche Rolle spielen wie in den KE. Sie sind nur gerade erwähnt (Ps 30, 2b); aber in keinem einzigen dieser Psalmen wird ausgebreitet, daß die Feinde nun gestraft sind und wie schön das sei. Darf dies nicht als ein Zeichen dafür genommen werden, daß den Betern dieser Psalmen am Ende doch das Tun Gottes den Gegensatz zu den Frevlern und ihrem Tun unendlich überragte?

Der beschreibende Lobpsalm (L)

1. DIE TEXTE

Ps 8; 19 A; 29; 33; 57, 8–12; 65; 66, 1–7; 89, 6–19; 100; 103; 104; (105); (107); 111; 113; 117; 134–136; 139; 145–150. Dazu Sätze oder Abschnitte in allen »Liturgien« (s. S. 81 ff.;), einzelne Sätze des Gotteslobes in vielen anderen Psalmen, die Schlußdoxologien am Ende der Psalmbücher, aber auch 2. Mose 15, Jes 12, die Doxologien im Amosbuch, Jer 10, 6–16, der Lobpreis der Seraphen Jes 6, 3 und vielfach sonst. Am reichsten entwickelt ist das Gotteslob außerhalb des Psalters im Buch Deuterojesaja und im Hiobbuch. Dazu kommen die Psalmen im Chronikwerk, in den Apokryphen und im Neuen Testament, besonders Luk 1, 47–56 und in der Offenbarung des Johannes.

2. DER GOTTESDIENSTLICHE VORGANG

Der beschreibende Lobpsalm oder Hymnos (hebr. »t^{e}hillâ«) ist recht eigentlich gottesdienstliches Lied, Gesang der im Gottesdienst zusammenkommenden Gemeinde. Es hat wohl kaum je auf der Erde Gottesdienst, kultische Feiern gegeben ohne das den Gott oder die Götter preisende Lied. Man findet es darum in den meisten Religionen der Erde, und die Lobpsalmen der näheren Umgebung Israels, besonders die babylonischen Lobpsalmen, weisen manche Ähnlichkeit mit denen des Psalters auf. Oft ist gerade diese Psalmengattung, der Hymnos, mit Instrumentalmusik mancherlei Art verbunden, wie uns das ja auch aus dem Psalter vielfach bezeugt ist (z. B. Ps 150). Das Loblied, der Preis des Gottes, ist auf der ganzen Erde eine der wichtigsten Qellen der Musik. Wenn heute in einem Gottesdienst in der christlichen Kirche mit Orgel- oder Instrumentalbegleitung von einer Gemeinde ein Loblied angestimmt wird, so geschieht darin dasselbe, was vor zweieinhalb Jahrtausenden im Tempel zu Jerusalem geschah; es geschieht aber auch dasselbe, was in den Gottesdiensten schon viele Jahrtausende früher in versunkenen Welten, in Religionen über die ganze Erde hin geschah, wo eine Schar von Menschen am Heiligtum zusammenkam, um ihrem Gott ein Preislied zu singen.

Wenn heute gerade einige der Loblieder der christlichen Kirche (besonders Nachdichtungen von Psalmen) in der katholischen wie in der evangelischen Kirche gesungen werden, wenn solche Loblieder und ihre Melodien die Kirche vieler Nationen verbinden, so entspricht das der Tatsache, daß von allen Psalmengattungen in dieser am meisten Anklänge an die Preislieder anderer Religionen sich finden; es ist leicht verständlich, daß im Preis des Gottes »zu allen Zeiten und an allen Orten« manche Gemeinsamkeit naheliegt. So heißt es in einem altbabylonischen Gebet für Nanna (in Auswahl):

Vater Nanna, Herr von Ur, Held der Götter,
gnädiger Vater, der das Leben des ganzen Landes
in seine Hand genommen hat,
Herr, deine Göttlichkeit ist wie der ferne Himmel,
das weite Meer, voll des Schreckens,
der das Land geschaffen, die Heiligtümer gegründet,
sie mit Namen benannt hat,
der Vater, der die Menschen und Götter gezeugt,
der auf einem Hochsitz thront, die Opfergaben festsetzt,
der die Könige beruft, das Zepter verleiht,
das Geschick für ferne Tage bestimmt ...

Wie in allen Religionen das feierliche Lob des Gottes seinen Platz in der kultischen Zusammenkunft hat, so auch in Israel. Aber wie in allen Religionen läßt sich das Gotteslob nicht auf einen Einzelvorgang im Gottesdienst festlegen. Weil es keinen bestimmten Anlaß hat (wie das LE), kann es dort angestimmt werden, wo die zusammengekommene Gemeinde ihrem Gott Ehre erweisen will: bei den großen Festen, bei den Opferfeiern, bei Gottesdiensten aller Art im Tempel wie gewiß auch bei gottesdienstlichen Begehungen in der Familie, etwa beim Passahfest, beim Beginn des Sabbats und bei einer Fülle anderer Gelegenheiten. Das Chronikwerk zeigt die große Bedeutung des Lobpsalms in den Gottesdiensten der nachexilischen Zeit; das Buch Tobias zeigt, wie der fromme Jude in der Diaspora in den Psalmen lebt und in seinem Hause, in seiner Kammer am Gottesdienst seines Volkes, der zeitlich und räumlich nicht beschränkt werden kann, teilnimmt. So ist denn auch der Lobpsalm vor allem aus dem Gottesdienst des Tempels in die Synagoge wie in die christliche Kirche hinübergegangen und von dort wiederum in die Häuser und Familien vieler Orte und vieler Zeiten. Wo ein Loblied gesungen wird, da ist Gottesdienst, ob das in einem Zimmer im Familienkreis geschieht oder in einer Kathedrale oder in einer Gefängniszelle.

3. EIN BEISPIEL: PSALM 113

V 1—3: Der Lobruf im Imperativ, den wir schon mitten im LE fanden als eine Aufforderung an den Kreis der Umstehenden, in das Lob des Erretteten einzustimmen (30, 4), ist die Einleitung der meisten L. Er ist als eine wirkliche Aufforderung gemeint, die beides voraussetzt: Sie ist notwendig, weil das Gotteslob im Mund des Einzelnen wie der Gemeinde erlahmen und verstummen kann; sie ist möglich, weil im Erlahmen und Verstummen des Gotteslobes doch immer einer da sein wird, der wieder dazu ruft, weil er die Wirklichkeit Gottes überwältigend erfahren hat. Die vielen Lobrufe, die manchmal einen ganzen Psalm erfüllen, sind nicht nur liturgische Formeln, sie sind nicht nur eine klangvolle Psalmenouvertüre; jeder einzelne dieser Lobrufe kommt aus der Begegnung mit dem lebendigen Gott und will ihr Echo weitertragen.

Darum hat dieser Lobruf durch den ganzen Psalter hindurch die Tendenz in die Weite: ». . . und nicht schweige« (30, 13). — In der Einleitung des 113. Psalms kommt dieser Drang des Lobrufes in die Weite besonders klar und bewußt zum Ausdruck. Der Ruf zum Lob, an die gerichtet, die Gott dienen wollen, wird weitergeführt in V 2: ». . . von jetzt an bis immer«, in V 3: »Vom Aufgang der Sonne bis zu ihrem Untergang . . .« In die Weite der Zeit und in die Weite des Raumes soll sich das Gotteslob erstrecken bis an die äußersten Grenzen; denn so allein kann Gott als Herr der Zeit und Herr des Raumes bejaht werden, daß sich sein Lob in den Raum und in die Zeit hinein fortsetzt, so weit sie sind. Schon von diesen beiden Zeilen her wird verständlich, daß in den Psalmen auch die (heidnischen) Völker und ihre Könige in den Ruf zum Lob einbezogen werden, daß sogar die Schöpfung, daß die belebten und die unbelebten Geschöpfe zum Lob gerufen werden. Dies ist möglich, weil den Menschen, die diese Psalmen sangen, Gott so gewaltig war, daß es für seine Anerkennung keine Grenze geben durfte.

V 4—9: Der Hauptteil des Psalms begründet diesen Lobruf; nur aus diesen beiden Teilen besteht der beschreibende Lobpsalm: Ruf zum Lob und Entfaltung des Lobes. Man könnte seinen Aufbau so sehen: Ein Wandernder hat abseits des Weges der Gruppe einen herrlichen Blick in eine Landschaft entdeckt. Er ruft die anderen herbei, ihn zu sehen; und nun wird dieser Blick zu staunend-ergriffenem Beschreiben dessen, das sich da auftut. Um bei diesem Bild zu bleiben: Es gibt viele Möglichkeiten solchen Beschreibens; ein wesentlicher Unterschied wird sein, ob es das Gesehene, so wie es sich anbietet, wahllos aneinanderreiht, oder ob in dem Gesehenen *ein* Eindruck so beherrschend ist, daß die ganze Beschreibung von ihm herkommt und ihn entfaltet. Diese beiden Möglichkeiten gibt es auch beim Gotteslob: Es kann einfach aneinanderreihen, was alles an Gott und seinem Tun zu preisen ist; es kann aber auch von einem einzigen Wesenszug Gottes so beeindruckt sein, daß dieser das beschreibende Lob beherrscht und bis in die Einzelheiten bestimmt. Das letztere ist nun eindeutig bei den L des Alten Testaments der Fall, und das kann uns am besten der 113. Psalm zeigen. Der Hauptteil V 4—9 hat, wenn man ihn mehrfach liest, ganz klar erkennbar seine Mitte im 5. und 6. Vers in den Sätzen:

Wer ist wie der Herr, unser Gott,
im Himmel und auf Erden,
der hoch in der Höhe thront,
der tief in die Tiefe sieht?

(Im Luthertext muß umgestellt werden: V 6b ist hinter 5a zu lesen; richtig in der Zürcher Bibel.)

In diesem Wort in der Mitte des 113. Psalms hören wir den staunend-ergriffenen Widerhall der Grunderfahrung an Gott, in dem *alles* gesammelt ist, was überhaupt von Gott gesagt werden kann: Das ist unser Gott, der majestätisch Erhabene, der nicht in seiner Erhabenheit bleibt, sondern in unsere Tiefe hinabsieht. Das ist der Gott, der das Schreien der Kinder Israel in der Knechtschaft gehört hat und herabgekommen ist, sie zu befreien. Das ist der Gott, den Hanna, die Mutter des Samuel, aus der Tiefe ihrer Verzweiflung angefleht und der sich ihr zugeneigt hat. Das ist der Gott, zu dem die Beter des 123. Psalms sagen: »Wie Knechte ihre Augen erheben zur Hand ihres Herrn . . ., so blicken unsere Augen auf den Herrn unsern Gott — bis er uns gnädig ist.« Das ist der Gott, den der Dichter des 23. Psalms meint: »Und ob ich schon wanderte im finstern Tal, fürchte ich kein Unglück; denn du bist bei mir.« Es ist nicht zu viel gesagt: Dieser Satz in der Mitte des 113. Psalms ist die Grundaussage des Gotteslobes in den Psalmen.

Diese Grundaussage von Gottes Majestät und seinem Erbarmen steht in der Mitte allen beschreibenden Lobes Israels. Wenn in den Psalmen zusammensehend, umfassend gesagt werden soll, wer Gott ist — und das kann ja nicht sachlich-objektiv, das kann ja nur in der Ergriffenheit des Lobes gesagt werden —, dann sind auch auf irgendeine Weise diese beiden polaren Aussagen da, die zusammengehören wie zwei Pole in einem Spannungsfeld.

Wie dieser Satz in Ps 113 in der Mitte steht, kann man genau erkennen. Die eine Seite, die Majestät Gottes, ist in V 4 entfaltet: Gott ist erhaben über die Welt der Menschen (die Völker) und über die Schöpfung (über alle Himmel); die andere Seite in V 7—9: daß Gott in die Tiefe sieht, bedeutet, daß er dort in der Tiefe die Not der Leidenden entdeckt. Und nun muß das Hinunterblicken die andere Bewegung hervorrufen: das Herausziehen der Elenden aus ihrem Dunkel:

Der aus dem Staub den Geringen erhöht,
aus dem Schmutz erhebt den Armen.

In diesem Vers (7) — das wird nun jeder mit Leichtigkeit erkennen — ist genau das beschrieben, was in der Gattung der LE die Geretteten bekennen: daß Gott sie in ihrer Tiefe entdeckt und sie aus der Grube, aus der Unterwelt, aus dem Tod herausgezogen hat. Was bei der Erklärung des Lobrufs gesagt war, wird hier bestätigt: Das beschreibende Lob kommt vom bekennenden Lob her, es ist eng mit ihm verbunden. Nun kommt aber in V 8 f. noch etwas hinzu: Die berichtenden Lobpsalmen sahen nur auf die Stunde der Rettung zurück; der beschreibende schildert darüber hinaus das neue Leben, das den Geretteten geschenkt ist. Der Unterschied der beiden Gattungen ist daran wieder deutlich zu erkennen. An zwei typischen Beispielen zeigt der Psalmist, was durch Gottes Blick aus seiner Höhe in die Tiefe eines Leids gewandelt ist: Bei beiden ist das Leid — wie wir es immer wieder in den Klagepsalmen finden — nicht nur Not im materiellen Sinn; es ist auch Vorgang in der

Gemeinschaft; es hat seinen Stachel in der Einsamkeit und Schande, in die es den Leidenden brachte. Diese Seite ist es, an der das wandelnde Eingreifen Gottes gezeigt wird: Dem Mann, der durch sein Leid ausgestoßen war aus dem Kreis der ehrbaren Männer in seiner Sippe, wird der Platz in diesem Kreis wieder gegeben; die kinderlose Mutter, die nichts galt und nichts war, weil sie kein Kind hatte, bekommt wieder ihren Ehrenplatz im Haus als frohe Mutter von Kindern.

So reicht der Satz in der Mitte dieses Gotteslobes, das Lob des Gottes, der aus seiner Höhe in unsere Tiefe sieht, in den ganz wenigen Sätzen dieses Psalms von der Majestät des Herrn über allen Himmeln bis zu dem kleinen Raum in einem Haus, in dem eine Mutter sich ihres Kindes freut; von der Feierlichkeit eines gottesdienstlichen Hymnos bis in den Alltag eines Dorfes, in dem abends die Männer zusammensitzen. Aber diese Spannweite enspricht nur der Spannung des Satzes in der Mitte. So ist Gott, der hier gelobt wird.

4. DER AUFBAU

Der beschreibende Lobpsalm hat keinen so festen Aufbau wie der berichtende. Dennoch liegt den recht verschiedenartigen Psalmen dieser Gattung *eine* Struktur zugrunde, dieselbe, die wir an Ps 113 feststellten. Durch die feste Grundstruktur unterscheidet sich der »Hymnos« des Alten Testaments klar von den Hymnen der Babylonier und Ägypter, zu denen sonst mancherlei Beziehungen bestehen. Die L des Alten Testaments bestehen niemals nur aus einer Summierung lobender Prädikate und aus Aneinanderreihungen lobender Aussagen; sie sind Entfaltung *einer* in sich polaren Grundaussage, die allen Psalmen der Gattung zugrunde liegt.

a) Die *Einleitung* ist der Ruf zum Lob. Der imperativische Lobruf ist dieser Gattung eigen und erst später auch in andere Psalmarten (Mischpsalmen) hineingekommen. Dafür, daß er ursprünglich wirklich Aufforderung war und also nicht zum Psalm selbst gehörte, sondern ihm voraufging, ist ein gutes Beispiel Neh 9, 5 ff.: »Dann sprachen die Leviten: Stehet auf! Preiset euren Gott!« — und nun folgt der Lobpsalm. Als eine wirkliche Aufforderung begegnet er auch im LE, in dem der von seiner Rettung Erzählende den Kreis der Zuhörer auffordert, in das

Lob einzustimmen (30, 5; 34, 4). Zunächst bestand die Aufforderung in einem Satz mit nur *einem* Verb: z. B. »hâll^{e}lû jâ« = Preiset Jahwe! Dann wurde sie erweitert, es kamen Begleitwörter hinzu, oder die Imperative wurden in Jussiven weitergeführt: Es sollen loben ... (z. B. 113, 2 f.). Der Lobruf wuchs immer mehr an, er konnte vor dem zweiten Teil noch einmal wiederholt, am Schluß noch einmal angefügt werden (Ps 100; 97), bis daraus ein eigener Psalmtyp entstand, der ganz von den Imperativen beherrscht war (95A; 145; 148; 150).

b) Der *Hauptteil*. Immer enthält er die beiden Seiten des Gotteslobes, die in der Mitte des 113. Psalms stehen. Oft sind sie zu Anfang des Hauptteils in einem Satz oder wenigen Sätzen zusammengefaßt.

105, 7 f.: *Über alle Lande ergeht sein Gericht,*
auf ewig gedenkt er seines Bundes.

135, 3: *Lobet den Herrn, denn der Herr ist gütig;*
lobsingt seinem Namen, denn er ist lieblich!

5: *Ja, ich weiß: Der Herr ist groß,*
unser Herr ist größer als alle Götter.

136, 2: *Lobet den Gott der Götter – denn seine*
Güte währet ewig!

3: *Lobet den Herrn aller Herren – denn seine*
Güte währet ewig!

Nicht immer braucht diese Doppelaussage von Gott so deutlich und geradezu thematisch am Anfang zu stehen, sie kann auch verborgen hinter der Struktur eines Lobpsalms stehen. Aber sie ist immer da. Selbst in einem so kurzen Psalm wie dem 117. (wahrscheinlich einmal die Schlußdoxologie einer kleinen Sammlung) ist sie zu spüren. Diese beiden den Psalm bestimmenden Grundaussagen von Gott werden in weitgehender Gleichartigkeit entfaltet: Gott erweist sein Herrsein, seine Majestät als Schöpfer und als Herr der Geschichte; seine Güte, sein Erbarmen zeigt er in seinem Erretten und in seinem Erhalten. Am Aufbau zweier Psalmen sei dies dargestellt:

	Ps 33	Ps 136
Aufforderung zum Lob	1–3	1–3
Begründung: Gottes Tun	4–5	1–4
der Schöpfer	6–9	5–9

der Herr der Geschichte	10—12	10—22
der Retter seines Volkes	13—19	10—22
der Retter	18—19a	23—24
der Erhalter	19b	25

Die Entsprechung ist nicht so genau, wie sie oberflächlich nach diesem Schema erscheint, das nur zeigen soll, wie die Entfaltung des Doppelsatzes von Gottes Majestät und Güte beide Psalmen bestimmt. In Ps 136 gehen die beiden Motive, »der Herr der Geschichte« und »der Retter seines Volkes«, in der Darstellung der Geschichte des Volkes ineinander über; in Ps 33 ist die einfache Aussage des Erretters abgewandelt: Gott sieht nicht auf die Mächtigen, sondern auf die, die ihn fürchten. Aber in beiden Psalmen ist das Hauptmotiv, »der tief in die Tiefe sieht«, ganz deutlich aufgenommen: Ps 33, 14 und 136, 23. Hier spürt man deutlich, daß den vielen Variationen ein Thema zugrundeliegt. Der Preis des Schöpfers findet sich 33, 6—9; 65, 7—9; 135, 6 f.; 136, 5—9; 146, 6; 147, 4. 8. 16—18 u. ö., der Preis des Herrn der Geschichte 33, 10—12; 65, 8; 135, 8—12; 105, 7 ff.; 146, 3—5. Wie das Zueinandergehören beider Motive bei den Psalmendichtern empfunden wird, zeigt ein Vers, der beides in eine dichte Einheit bringt:

. . . der da stillet das Brausen des Meeres
und das Tosen der Völker (Ps 65, 8).

Die gleiche Zusammenschau von Gottes Schaffen und seinem Lenken der Geschichte findet sich dann großartig ausgeprägt in der Verkündigung Deuterojesajas, die hier ganz auf den Lobpsalmen gründet:

Ich habe die Erde gemacht
und Menschen auf ihr geschaffen,
Meine Hände haben die Himmel ausgespannt,
ich habe all ihr Heer bestellt,
Ich habe ihn (Kyros) erweckt in Treuen
und ebne alle seine Wege (Jes 35, 12 f.).

Der Satz, daß Gott aus seiner Höhe herniederschaut und sich derer in der Tiefe erbarmt, kehrt immer wieder: 113, 5 f.; 33, 13; 136, 23; 147, 6; Zusätze zu Daniel 1, 32; Luk 1, 48. Gott wird gepriesen als der Retter: 65, 3 f.; 89, 15b—19; 135, 14; 136, 10—22; 146, 7—9;

147, 2–6 und oft außerhalb der Psalmen bis zu Lukas 1, 48. 50. 54 f. und 2, 14b. Seltener tritt zu dem Lob des Retters das des Erhaltenden 33, 19b; 111, 5; 136, 25; 145, 14 f.

Weiterbildungen: Nicht immer sind die Lobpsalmen gleichgewichtig und gleichmäßig von den beiden Grundaussagen des Lobes bestimmt. Einzelne Teile haben das Schwergewicht bekommen oder sich ganz verselbständigt. Im Psalter selbst zeigt sich das verhältnismäßig wenig, in den nachkanonischen Psalmen viel mehr.

Das ganze Gewicht liegt auf dem Lob der Gnade Gottes in Ps 103; aber auch dieser Psalm mündet in V 19 in das Lob der Majestät Gottes aus, und die Entfaltung, Schöpfer und Herr der Geschichte, klingt in V 7 und 14 wenigstens an.

An anderer Stelle zeigt sich die Verselbständigung des Lobes der Güte Gottes in dem allmählich sich absondernden Satz:

Lobet Jahwe, denn gut ist er,
denn ewig währt seine Gnade!

der litaneiartig durch den ganzen 136. Psalm geht und schon isoliert Esra 3, 11; 2. Chron 5, 13; 20, 21; Jer 33, 11 begegnet. — Ganz ausschließlich Lob der Gnade Gottes ist Ps Sal 2, 33–37; 5, 1–2; 10, 1–8; 18, 1–5.

Die Begründung des vielfachen Lobrufes in Ps 150 ist nur die Majestät Gottes, ebenso in der Schlußdoxologie des Ps Sal 18, 10–12. Ähnlich 1. Chron 29, 10–12.

Die Schöpfungspsalmen

Zu selbständigen Psalmen aber wurde das Motiv »Lob des Schöpfers«: Ps 8; 19A; 104; 139; (148); Amos 4, 13; 5, 8 f.; 9, 5 f.; viele Stellen bei Deuterojesaja und Hiob.

Psalm 8 beginnt mit einem Lob der Herrlichkeit Gottes, und damit schließt der Psalm auch wieder. Das staunende Betrachten der Herrlichkeit Gottes in seiner Schöpfung wendet sich gleich von der Weite des Horizontes der Himmel zu dem einen Punkt: dem Menschen als Gottes Geschöpf. Wenn der Blick des Psalmisten von der Weite der Himmel sich zu dem kleinen Menschenwesen wendet und staunend bekennt: Was ist der Mensch, daß du, majestätischer Gott, ihm deine Güte zuwendest?, dann klingt in dieser Wendung der Satz aus der Mitte des 113. Psalms an. Schon das Lallen des ganz kleinen Kindes ist Zeugnis von Gottes Schöpfermacht und darin stärker als die Bestreitungen der Feinde Gottes (V 3). Den kleinen Menschen würdigt Gott der Nähe zum Göttlichen, indem er ihn herrschen läßt über seiner Hände Werk, die Tiere aller Art. Daß gerade die Herrschaft über die Tiere als ein Zeichen der dem Menschen verliehenen Hoheit genannt ist, können wir kaum noch verstehen; hier klingt das Lebensgefühl einer uralten Zeit nach, für die das Beherrschen der Tiere die höchste Errungenschaft des Menschen war.

Dennoch können wir das Gotteslob dieses Psalms heute in seinen wesentlichen Linien ganz nachsprechen. Wieviel gewaltiger ist für uns der Abstand geworden zwischen der Weite des Weltraumes und der Kleinheit des Menschen auf der kleinen Erde! Wie ist die Herrschaft des Menschen über das Geschaffene angewachsen! Wie gewaltig könnte uns Gott sein, wenn wir in unserer Welt so wie damals der Psalmist in seiner Welt einfach staunen könnten über diese Perspektiven und von ihnen hinübersehen auf den Schöpfer!

Der *19. Psalm* geht wie der 8. vom Lob der Majestät Gottes aus, von der die Himmel erzählen. Die ersten Verse dieses Psalms beschreiben nicht das, was man in der christlichen Dogmatik natürliche Offenbarung nennt. Damit wäre dieser Psalm ganz mißverstanden. Die Himmel erzählen die Ehre Gottes nicht, um Gott zu offenbaren, sondern um Gott, dessen Dasein und Wirken als die wirklichste Wirklichkeit vorausgesetzt ist, zu erhöhen, zu preisen, zu rühmen. So etwas wie Gottesoffenbarung oder Gotteserkenntnis aus der Natur wäre im Alten Testament ganz sinnlos, ganz absurd. Eher kann man umgekehrt sagen: Gott ist den Menschen des Alten Testaments und den Betern dieser Psalmen so real und so gewaltig, daß auch die Schöpfung am Rühmen und Preisen seiner Herrlichkeit beteiligt sein muß. Eben darin ist die Sonne in diesem 19. Psalm etwas Grundanderes als Materie, daß sie einbezogen ist in den Sinn *alles* Geschaffenen: Gott zu loben. – Die Schöpfungspsalmen bekommen heute wieder eine wichtige Bedeutung, weil in der heutigen Stellung des Menschen zur Natur angesichts der Naturwissenschaft und ihrer Konsequenzen keinerlei Naturvergötterung, auch in der verfeinerten Form des Idealismus, noch eine Zukunft hat. Es bleibt nur die Alternative des Materialismus und des Schöpferglaubens. Entweder die Sterne, die Atome, die Erde sind nur Materie. Dann muß unausweichlich auch der Mensch von der Materie her und als Materie verstanden werden. Oder die Sterne, die Sonne, die Erde sind genauso Gott gegenüber wie der Mensch, d.h. sie sind Geschöpfe. Dann ist auch ihr letzter Sinn derselbe wie der menschlicher Existenz: etwas zu sein zum Lobe seiner Herrlichkeit.

Psalm 104: Wieder finden wir im Eingang des Psalms das Lob der Größe Gottes: »O Herr, mein Gott, wie bist du so groß; Pracht und Hoheit ist dein Gewand«, das übergeht in die Schilderung der Schöpfung. Unmerklich tritt an die Stelle des Werkes des Schöpfers am Anfang sein schaffendes Werk in der Gegenwart. Ein strahlendes, lebendiges Bild ersteht vor uns: das Lob des Schöpfers wird zur Naturschilderung, die aber immer wieder zurückkehrt in ihren Ursprung: »O Herr, wie sind deiner Werke so viel; du hast sie alle in Weisheit geschaffen, die Erde ist voll deiner Güte!«

Dieser 104. Psalm ist einem ägyptischen, dem Sonnenhymnus des Echnaton, so ähnlich, daß man vielfach einen Zusammenhang oder gar eine Abhängigkeit angenommen hat. Das ist durchaus möglich; in der Schilderung der Schöpfung ist die Berührung mit anderen Religionen durchaus verständlich und sinnvoll. Alle Naturbetrachtung und -schilderung auf der ganzen Erde ist einmal aus dem Lob des Schöpfers erwachsen, alles Empfinden für die Schönheit der Natur hat seine Quelle in der Erinnerung des Geschöpfes an den gemeinsamen Ursprung alles Geschaffenen.

Das *Lob des Herrn der Geschichte* hat nicht zu einer so geprägten Gruppe von Psalmen geführt. Doch wie sich in den Schöpfungspsalmen das Motiv »Lob des Schöpfers« verselbständigt hat, so wurde auch das andere Motiv des beschreibenden Lobpsalms: »Lob des Herrn der Geschichte« nach und nach erweitert und schließlich verselbständigt. Man kann den allmählichen Ausbau dieses Motivs in den Psalmen noch deutlich erkennen: In Ps 33, 10 ff. ist nur gesagt, daß Gott die Mächtigen stürzt, seinem erwählten Volk aber Heil schenkt. In Ps 135, 8—12 ist dies erweitert: Gott hat Israels Feinde in Ägypten und Kanaan geschlagen, seinem Volk gab er das verheißene Land. Noch breiter berichtet 136, 10—22 vom Töten der Erstgeburt in Ägypten bis zur Gabe des Landes. In Ps 105 und 2. Mose 15 endlich ist dieses Psalmmotiv allein beherrschend geworden.

Daneben hat sich das »Lob des Herrn der Geschichte« verbunden mit dem von Hause aus in der Prophetie üblichen Hinweis auf die früheren Sünden der Väter, deren Bestrafung durch Jahwe und die Umkehr der Bestraften. Ein solches Reden von Geschichte, das letztlich immer auf die Belehrung und Mahnung der Zeitgenossen hinausläuft, tritt in den verschiedensten Mischformen auf: es hat sich verbunden mit weisheitlichen Redeformen (Ps 78; 5. Mose 32), fand Eingang in die Volksklage (Ps 106; Jes 63 f.; vgl. Neh 9) und ist nicht zuletzt auch in der Gattung des beschreibenden Lobpsalms anzutreffen (Ps 81, 7—17; 95, 8—11; vgl. 99, 5—9).

Liturgische Psalmen

So nennen wir die Psalmen, in denen mit Sicherheit ein den ganzen Psalm bestimmender gottesdienstlicher Vorgang in der Verbindung von Wort und Handlung zu erkennen ist. Er kann einfach in eindeutig erkennbarer Wechselrede bestehen. Solche Wechselrede im Gottesdienst setzt, soweit uns bekannt ist, immer eine wenn auch noch so stilisierte Handlung voraus: ein Gegenübertreten zweier Gruppen oder des Liturgen und der Gemeinde; Aufforderung und Befolgen der Aufforderung. Dazu können Handlungen kommen: Niederfallen, Beugen, Aufstehen, Bewegungen der Hände, das Schreiten in der Prozession, Betreten des Heiligtums, Umschreiten des Altars, Vollzug einer Weihehandlung, eines Opfers, eines heiligen Mahles und vieles andere. Ein schönes Beispiel ist 5. Mose 26, wo geschildert wird, wie ein Bauer, der den Erstlingsertrag zum Heiligtum bringt, dabei als Opferspruch ein Bekenntnis spricht.

Der Psalter enthält nicht viele Psalmen dieser Art. Ein vollständiger Gottesdienst ist in keinem Psalm wiedergegeben. Die kultischen Handlungen sind immer nur angedeutet. Der Psalter ist eben keine Agende, er enthält auch nicht agendarische Anweisungen, die etwa sagen, welche Handlungen und Bewegungen zu bestimmten Stellen auszuführen sind. Der Psalter ist viel mehr unserem Gesangbuch als unseren Agenden zu vergleichen; er ist für die Gemeinde bestimmt und enthält daher nur die Worte, die von der Gemeinde mitzubeten oder nachzusprechen sind. Daher sind die gottesdienstlichen Handlungen nur angedeutet.

1. LOBOPFER UND LOBPSALM

Bei der Erklärung des LE wurde auf das Zusammengehören von Lobopfer und Lobpsalm hingewiesen (beides heißt »tôdâ«). Es fällt auf, daß nur in einem Psalm dieser Gruppe das Lobopfer ausdrücklich genannt ist, in *Psalm 66.* Die Verse 13—15 in diesem Psalm geben den Opferspruch wieder, d. h. die Worte, die unmittelbar beim Darbringen des Opfers gesprochen werden. Dieser Opferspruch ist ein ausgesprochen liturgischer, agendarischer Satz. Wenn er nur dies eine Mal im Zusammenhang des dazugehörigen Psalms wiedergegeben ist, aber bei allen anderen Psalmen der Gattung fehlt, so ist das ein sicheres Zeichen dafür, daß der Psalter uns die Lieder schon losgelöst von der Opferhandlung überliefert hat. Doch können wir annehmen, daß früher einmal mit jedem solchen Gelübdepsalm ein Opfer verbunden war, zu dem dann auch der Opferspruch gehörte.

Der Psalter enthält aber außerdem zwei Liturgien, die zeigen, daß gerade dieser Dankpsalm des Einzelnen eine vielfältige Bedeutung für den Gottesdienst hatte: Ps 118 und 107.

In *Psalm 118* fehlt jeder Hinweis auf das Lobopfer, statt dessen ist hier das berichtende Lob eines Einzelnen (V 2 bis 7. 17—20) mit einer Prozession verbunden, bei der die Tore des Tempels durchschritten werden (V 19 f.) unter den Worten eines Wechselgesprächs, das an Ps 24 erinnert. Zu der Prozession gehörte ein festlicher Reigen, bei dem der Altar mit Zweigen in der Hand umschritten wurde (V 27). Vom Tempel her wurde der Zug von den Priestern gesegnet (V 26—27 a). Das alles ist nicht sehr deutlich zu erkennen, einzelne Worte könnten auch anders verstanden werden. Sicher ist aber, daß der Psalm eine festliche Begehung der Gemeinde darstellt, in deren Mitte ein berichtender Lobpsalm steht. Die Verse 22—25 sind wahrscheinlich die Antwort der Gemeinde auf das, was der eine Errettete von Gottes Tat an ihm berichtet hat.

Psalm 107 ist eine Fassung von vier bekennenden Lobliedern Geretteter in einen beschreibenden Lobpsalm. Ein Verirrter, ein Gefangener, ein Kranker und ein in Seenot Geratener bringen ihr Lobbekenntnis zusammen vor Gott in das Heiligtum. Ihre Erfahrung der Rettung wird zusammengefaßt in dem Kehrvers, in den die vier Berichte münden:

... die sollen dem Herrn danken für seine Güte
und für seine Wunder an den Menschenkindern.

Das Ganze beginnt mit dem Ruf zum Lob (V 1) und endet in einem das Walten Gottes beschreibenden Lob (V 33 bis 43), das hervorhebt, was in einem Kirchenlied aufgenommen ist: »Er ist der rechte Wundermann, der bald erhöhn, bald stürzen kann«. Dies in einem gemeinsamen Gotteslob gesammelte persönliche Erleben Einzelner, die, was sie erlebten, als Gottes Tun erfuhren und es vor der Gemeinde bezeugen müssen, ist für das Gotteslob in den Psalmen besonders charakteristisch. Wenn in den großen traditionellen Fürbittegebeten der Kirche für die Seefahrenden, Reisenden, Kranken und Gefangenen Fürbitte getan wird, so haben dieselben Erlebnisse einzelner, wie im Ps 107, ihren Platz im Gottesdienst der Gemeinde. Nur ist dann zu fragen, ob dieser Fürbitte nicht ein »Fürlob« entsprechen müßte, wie es hier in Ps 107 geschieht.

2. WALLFAHRTSLIEDER

Der Weg zum Heiligtum ist für den Menschen der alten Zeit schon ein Teil der heiligen Handlung, er gehört zur Begehung. Das Wallfahrtslied im ursprünglichen Sinn ist daher nicht einfach ein auf dem Weg zum Heiligtum gesungenes Lied, sondern das zu dieser »Begehung« gehörende Wort. Der Vorgang der Wallfahrt kommt in ihm zu Worte, und das heißt vor allem Aufbruch und Ankunft. Um diese beiden Hauptpunkte des Weges kreist das Wallfahrtslied. Spuren und Nachbildungen des Wallfahrtsliedes gibt es viele im Alten Testament, doch der Psalter enthält nur ein einziges eigentliches Wallfahrtslied: Psalm 122.

Die Psalmen 120–134 haben alle die Überschrift »Wallfahrtslied« (diese Übersetzung ist nicht ganz sicher). Die kleine Sammlung enthält zwar nur das eine richtige Wallfahrtslied 122; es ist wahrscheinlich, daß der Begriff später verblaßte (vgl. die pietistische Bezeichnung »Pilgerlied«). Danach können wir aber als sicher annehmen, daß es einmal Sammlungen von Wallfahrtsliedern gegeben hat, denen später alle möglichen anderen Lieder angefügt wurden. Im Abendland ist das Wallfahrtslied die wichtigste Quelle für das Wanderlied geworden; manchen frühen deutschen Wanderliedern ist ihr Ursprung aus dem Wallfahrtslied noch anzumerken.

Psalm 122 hat einen sehr einfachen Aufbau. Die ersten beiden Verse handeln von Aufbruch und Ankunft:

> *Ich freute mich, da sie zu mir sprachen:*
> *Laßt uns wallen zum Hause des Herrn!*
> *Und nun stehen unsere Füße*
> *in deinen Toren, Jerusalem!*

Die Verse 3—5 sind eine erweiterte Anrede an Jerusalem, die zugleich den Sinn der Wallfahrt begründet; die Verse 6—9 begrüßen Jerusalem in der Form eines Segenswunsches.

Nachgebildet ist das Wallfahrtslied Jes 2, 3 und Mi 4, 2; Jer 31, 6; Jes 30, 29; es klingt an in 1. Mose 35, 3; Ps 132, 7. Auch Ps 84 ist eine Weiterbildung, hier ist die Begrüßung Jerusalems zum Hauptteil geworden. In Ps 87 steht die Begrüßung Jerusalems im Mittelpunkt, doch ist die Herkunft vom Wallfahrtslied hier kaum noch zu erkennen. Ähnlich ist es Ps 48; aus der Begrüßung ist hier ein Preis der Gottesstadt geworden. Die letzten beiden Psalmen gehören aber schon zu einer anderen Gruppe: den Zionsliedern.

3. ZIONSLIEDER

Texte: Ps 46; 48; 76; 84; 87. Diese Gruppe ist wahrscheinlich mit den Wallfahrtsliedern verwandt. Doch ist ihr wesentlicher Inhalt nicht mehr der Weg nach Zion oder der Segensgruß an Zion, sondern die Bewahrung der Gottesstadt vor dem Ansturm der Feinde. Hinter diesen Psalmen steht die Tradition von der Erwählung des Zion als des Gottesberges mit Tempel und Stadt. Vor den Toren der Stadt ist die große Völkerschlacht, in der Gott Sieger bleibt und siegreich in seine Stadt einzieht. Dieser Sieg Gottes für seine Stadt wird in einer Prozession begangen (48, 13 f.). Auf diese Prozession weist wahrscheinlich auch Psalm 46, 9. Der Psalm 76 sieht (V 4—7) auf die Schlacht zurück und preist die Erwählung des Zion (V 3). Er scheint aber gleichzeitig vorauszusehen auf einen kommenden Sieg Gottes über die Völker (V 9 ff.), wenn er kommt, sein Gericht zu halten (V 9 f.); dann muß der Rest der Völker ihn anerkennen (V 11). Das gleiche Motiv nimmt in den Thronbesteigungspsalmen einen wichtigen Platz ein.

4. SEGENSPSALMEN

Wie das Kommen zum Heiligtum, der Weg zu ihm und die Ankunft, so ist das Fortgehen, der Abschied vom heiligen Ort, so wichtig, daß es in den Psalmen besonders hervortritt. Die zum Heiligtum kommen, empfangen zum Abschluß den Segen, der für das Leben im Alltag unentbehrlich ist. Im Erteilen und Empfangen des Segens enden alle wichtigen Begehungen im Heiligtum. Es ist zu erwarten, daß er sich auch in den Psalmen spiegelt.

In der schon erwähnten Liturgie Ps 118 ist der Segen angedeutet: auf die Bitte der Gemeinde (V 25) sprechen Priester das Segenswort (V 26):

Gesegnet sei, der da kommt im Namen des Herrn!
Wir segnen euch vom Hause des Herrn her.

Fast genau so am Schluß von Ps 129, ähnlich auch 134, 3. Ein eigentlicher spezifischer Segenspsalm ist 121. Der erste Vers faßt in ganz stilisierter Form die Hinwendung eines Hilfesuchenden zum Heiligtum zusammen; der zweite deutet die Gewißheit des Hilfeflehenden an, daß er erhört wird. Von V 3—8 spricht eine andere Stimme: der Priester spricht dem vom Heiligtum Scheidenden den Segen zu. Es muß neben dem Segen, den die Gemeinde als ganze empfing, eine besondere Segenszusage an den Einzelnen gegeben haben, wie sie uns in Ps 121 und 91 erhalten ist. Die Anrede an einen Einzelnen in beiden Psalmen ist kaum anders zu verstehen denn als eine direkte, persönliche Zusage, die im Tempel einem Einzelnen auf sein Gebet und sein Vertrauensbekenntnis (91, 2; 121, 2) gegeben wurde (erwähnt ist sie auch Ps 128, 4 f.). Dieselbe Zuordnung von Vertrauensbekenntnis und Segenszusage finden wir in Ps 115, 9—15, hier aber auf die ganze Gemeinde gehend. Auch in der Prozession Ps 24 ist das Ziel das Empfangen des Segens (24, 5). Ps 67 enthält Bitte um den Segen und Empfang des Segens, verbunden mit der Aufforderung zum Gotteslob an die Völker.

Auffällig ist, daß im ganzen Psalter nicht so viel vom Segen die Rede ist wie in der kleinen Sammlung der Wallfahrtslieder 120—134. Das scheint einmal zu zeigen, daß ein wesentliches Ziel oder das eigentliche Ziel der Wallfahrt in Israel der Empfang des Segens war; es zeigt sicher auch, daß es einmal viel mehr Segensworte und Segenspsalmen gab, als uns im Psalter überliefert sind. — Die Segenspsalmen wie 91 und 121 sind Liturgien im eigentlichen Sinn des Wortes: sie enthalten Wechselgespräch und Handlung.

5. DIE EINZUGSTHORA

Einige Psalmen lassen uns erkennen, daß bei bestimmten Anlässen der Zugang zum Heiligtum und der Empfang des Segens an eine Bedingung geknüpft ist. In Ps 24, 1—3 stellen die vor dem Tempel Ankommenden selbst die Frage:

Wer darf hinaufziehen zum Berg des Herrn,
wer seine heilige Stätte betreten?

Sie bekommen in V 4—6 eine Antwort, die vom Tempel her, sicher von einem Priester, gegeben wird und die Bedingungen des Zutritts nennt: »Wer reine Hände hat . . . «. Eine solche Einzugsthora, d. h. eine Weisung, die auf eine Frage hin Auskunft gibt über die Bedingungen des Zutritts zum Heiligtum, ist Ps 15. V 1 stellt die Frage, V 2—5 gibt die Antwort, die hier ausführlicher ist. Dieselbe Einzugsthora begegnet noch einmal Jes 33, 14—16, abgewandelt in Mi 6, 6—8. Diese Einzugsthora steht in einem großen religionsgeschichtlichen Zusammenhang: Ähnliches hat es in vielen Religionen gegeben. Eine eigentümliche Weiterbildung stellen die ägyptischen Totenbücher dar, in denen die Einzugsthora ihren Ort beim Betreten des Landes der Toten hat.

6. DIE LADEPROZESSION

Im zweiten Teil des 24. Psalms ist wahrscheinlich eine Prozession der Lade vorausgesetzt. Die Verse 7—10 sind ein Wechselgespräch. Eine vor der Burg oder dem Tempel ankommende Schar fordert die Öffnung der Tore für einen König (V 7). Von drinnen wird gefragt, wer dieser König sei, die ankommende Schar antwortet mit einem Preis dieses Königs (V 8). Dasselbe Gespräch wird noch einmal wiederholt. Es wird allgemein angenommen, daß dies Lied im Wechsel zweier Chöre in dem Augenblick angestimmt wurde, in dem die in der Prozession getragene Lade vor den Tempeltoren ankam. Ob auch der Psalm 132 unmittelbar zu einer Ladeprozession gehört, können wir nicht mehr sicher sagen. Wohl aber ist mindestens ein Anklang an eine solche Ladeprozession in der Form der Schilderung des Durchzugs durch den Jordan Josua 3 f. zu erkennen.

Gewiß hat es viele solche und ähnliche Prozessionen in Israel gegeben; aber wir hören davon nur allgemein oder in Andeutungen. Die Handlung und die dabei gesprochenen Worte sind im allgemeinen nicht in den Psalter aufgenommen worden. Der 24. Psalm ist ein Beispiel für viele ähnliche Worte, aber in der Überlieferung ist er seltene Ausnahme.

Die Königspsalmen

Texte: Ps 2; 18; 20; 21; 45; 72; (89); 101; 110; 132; 144, 1—11.
In allen diesen Psalmen spielt der König eine Rolle. Man kann nicht sagen, daß es sich um eine eigene Psalmengattung handelt; dazu sind diese Psalmen selbst und die Situationen, die in ihnen dargestellt sind, zu verschieden. Das Königtum entstand in Israel erst verhältnismäßig spät, der König hatte im Gottesdienst keine so beherrschende Rolle wie in den Nachbarreichen. Daher prägte der Königskult auch keine eigene Gattung. Die Königspsalmen sind meist Mischformen, in denen eine der anderen Psalmgattungen noch zu erkennen ist. Doch wird es zur Königszeit vor dem Exil viel mehr Königspsalmen gegeben haben bzw. Psalmen, in denen der König einen besonderen Platz hatte. Auch die uns erhaltenen Königspsalmen haben sich sicher einmal auf Könige Israels und Judas bezogen, die Königsfürbitte z. B. galt dem gerade regierenden König. Aber die meisten dieser Königspsalmen sind in den in der nachexilischen Zeit entstandenen Psalter aufgenommen worden, weil sie auf den erwarteten König der Zukunft gedeutet wurden. Ihre ursprüngliche Bedeutung, also ihre Beziehung auf den gerade regierenden König, ist daher oft nicht mehr klar zu erkennen; in der ihnen nachträglich gegebenen Bedeutung bezeugen sie die Messiaserwartung im Gottesdienst der nachexilischen Gemeinde.

Die Psalmen 2 und 110 gehörten wahrscheinlich zur Feier der Thronbesteigung des Königs. In Ps 2 ergeht in eine bedrohliche Lage des Volkes hinein (V 1—3) ein Gottesspruch für den König (V 4—9), der ihm den Sieg über seine Feinde verheißt. Dabei wird der König als Gottes Sohn bezeichnet; V 7 ist eine Adoptionsformel. Ähnlich ist Ps 110, der aber nur den an den König ergehenden Gottesspruch darstellt. Auch hier ist der König Gott ganz nahe gestellt: »Setze dich zu meiner Rechten!« Außerdem wird der König in seinem Amt von Gott bestätigt. Diese beiden Psalmen sind in ihrer messianischen Deutung für die christliche Kirche wichtig geworden, indem man das, was hier vom irdischen König gesagt ist, auf den Messias als Gottes Sohn, sitzend zur Rechten

Gottes, übertrug. Sofern diese Psalmen in später Zeit Ausdruck der Hoffnung auf den kommenden Messias waren, ist diese Übertragung gewiß berechtigt. Man muß aber auch sehen, daß sie als auf geschichtliche Könige Israels bezogen — und so waren sie ursprünglich gemeint — im Ganzen des Psalters fremdartig wirken. In so hohen Worten wurde sonst im Gottesdienst Israels von den Königen nicht gesprochen. Es ist aus dem übrigen Alten Testament auch nicht bekannt, daß die Könige Judas — wie es Ps 110 voraussetzt — ein ständiges Priesteramt innehatten. Auffällig ist dabei auch die nähere Bestimmung »nach der Weise Melchisedeks«, d. h. nach der Weise der vorisraelitischen, kanaanäischen Priesterkönige von Jerusalem. Man hat vermutet, daß hinter diesem Psalm ein altes, vorisraelitisches Ritual steht, und ebenso ist bei Ps 2 eine Herkunft aus dem vorisraelitischen Kanaan möglich. Jedenfalls spiegeln diese Psalmen nicht die spezifisch israelitische, die spezifisch alttestamentliche Auffassung des Königtums. Diese hat vielmehr zu ihrer Mitte die Nathanverheißung 2. Sam 7, auf der der ganze 89. Psalm beruht. Auf eine besondere gottesdienstliche Begehung, in der die Verheißung für den Zion verbunden ist mit der für das Haus Davids, weist der 132. Psalm, der aber auch die Erwartung eines kommenden Königs enthält (V 17). Ps 45 ist ein Hochzeitslied für einen König, von einem Sänger bei der Hochzeit vorgetragen. Ein dichterisch schönes Lied, das uns die Hochzeitsfeier eines israelitischen Königs in leuchtenden, kräftigen Farben schildert. Aber es ist ein rein profanes Lied, das ursprünglich mit dem Gottesdienst gar nichts zu tun hat. In den Psalter gekommen ist es nur dadurch, daß es nachträglich auf den Messias, den König der Endzeit, gedeutet und so zum Ausdruck des Wartens auf diesen kommenden König wurde.

Einen wichtigen Platz hatte im Gottesdienst Israels die Fürbitte für den König. Ps 72 ist als ganzer eine Königsfürbitte, dazu der Anfang von Ps 20 (zwischen 20, 1–6 und 7 ff. ist ein Gottesspruch für den König anzunehmen) und der Anfang von Ps 132; ein Anhang ist die Königsfürbitte 61, 7–9 und 63, 12.

Die Königspsalmen wurden in den letzten Jahrzehnten besonders eifrig mit der Frage nach dem Königskult in Israel durchforscht, und manche Forscher gingen sehr weit in der Annahme, daß im Gottesdienst Israels der König die Hauptperson gewesen sei. Nicht nur die Königspsalmen, sondern auch die große Gattung der Klagen des Einzelnen wurden als Königspsalmen verstanden. Das ist aber äußerst fraglich, und auch die wenigen Königspsalmen sagen nichts über einen ausgesprochenen Königskult in Israel.

Die Thronbesteigungspsalmen

Texte: Ps 47; 93; 96—99. Aus diesen Psalmen hat Mowinckel ein Thronbesteigungsfest Jahwes erschlossen, das in Israel von der frühen Königszeit an in Verbindung mit dem Herbst- (und Neujahrs)fest gefeiert worden sei. Diese These hat zunächst fast allgemein Zustimmung gefunden. Sie hat auf die Forschung außerordentlich anregend gewirkt; in der Nachfolge Mowinckels erschienen viele Arbeiten, die bestimmte Psalmen mit bestimmten Festen in Verbindung zu bringen versuchten. Erst in letzter Zeit wurde die These Mowinckels mehrfach bestritten.

Den Psalmen 93; 97; 99 ist der an den Anfang gerückte Ruf »Jahwe ist (ward) König« gemeinsam. Diesem Ruf folgt in Ps 93 das Lob seiner Majestät (V 1 f.), ein andeutender Bericht von Jahwes Sieg über feindliche Mächte (V 3 f.) und ein Lob des Gesetzes und des Tempels (V 5). — In Ps 97 geht der Ruf in eine Schilderung der Epiphanie Gottes über (V 3—5); es folgen Worte des Gotteslobes, das Gott über die Götzen erhebt, und der Mahnung, Gottes Stimme zu hören (V 6—12). In Ps 99 ist der Ruf ebenfalls durch Gotteslob erweitert (V 1b—4), dann folgt ein kleiner, in sich geschlossener Teil (V 5—9), in dem Elemente des beschreibenden Lobes mit denen einer Geschichtsbelehrung verbunden sind. Ps 96 und 98 sind beschreibende Lobpsalmen, vermehrt um das Motiv der Königsherrschaft Gottes und die Ankündigung Gottes als des Weltenrichters (96, 13; 98, 9). Nur Ps 47 schildert andeutend den Antritt der Königsherrschaft Gottes; bei ihm kann man am ehesten an eine gottesdienstliche Darstellung, etwa in einer Prozession, denken.

Außer dem Königsruf (der nur in Ps 98 fehlt) ist allen diesen Psalmen gemeinsam, daß Gott in seiner Majestät gepriesen wird, und zwar mit besonderer Betonung der Herrschaft des Gottes Israels über die ganze Welt: 47, 2 f. 8—10; 96, 1—3. 7—10. 13; 97, 1; 5—7. 9; 98, 9; 99, 1—3. Darüber hinaus kündigen Ps 96 und 98 Gottes Kommen zum Gericht über die Völker der Welt an. Beides gehört zusammen: auch die Weltherrschaft des Gottes Israels kann nur die erwartete, die ersehnte, die kommende Gottesherrschaft sein. Die gottesdienstliche und die eschatologische Deutung dieser Psalmen schließen einander nicht aus. In Anlehnung an die Bräuche der Thronbesteigung eines irdischen Herrschers feiert die Gemeinde in diesen Psalmen den in der Zukunft erwarteten Antritt der Königsherrschaft Gottes über die ganze Welt, indem sie die Verheißung in gottesdienstlichem Jubel glaubend als erfüllt vorausnimmt.

Die Weisheitspsalmen

Sie stellen eine eigenartige Übergangsform zwischen Psalmen und Weisheitslehre dar. In der Weisheitsliteratur unterscheiden wir den Weisheitsspruch vom Weisheitsgedicht oder -lied. Beide Formen haben sich mit den Psalmen verbunden. In der kleinen Sammlung der »Wallfahrtslieder« 120—134 finden wir einige Weisheitssprüche, die mit den Psalmen von sich aus keinerlei Verwandtschaft oder Verbindung haben: 127, 1 f.; 127, 3—5; 133. Es sind drei Sprüche auf das gemeinsame Leben: Der erste stellt dem Sich-Mühen der Menschen das stille Walten Gottes entgegen; der zweite ist ein Lob der gesunden, großen Familie; der dritte dasselbe, aber hier als Lohn der Gottesfurcht dargestellt (ähnlich auch 128, 1—3). Diese drei »Psalmen« könnten, ohne daß ein Wort an ihnen geändert zu werden brauchte, im Buch der Sprüche stehen, und niemand würde darauf kommen, daß sie Psalmen sein sollten. An diesen Sprüchen mitten im Psalter zeigt es sich, daß in später Zeit Psalmen und Weisheit, und zwar eine theologisch gewordene Weisheit, einander sehr nahegekommen sind.

Dasselbe zeigt sich nur in anderer Form dort, wo Weisheitsworte sich mit einem Psalm verbunden haben, wie das ganz besonders bei Ps 37 der Fall ist. Hierbei handelt es sich um eine andere Gruppe von Sprüchen, die vom Frommen und vom Gottlosen handeln, beide konfrontieren, zur Gottesfurcht mahnen und vor dem Bösen und der Torheit warnen. In diesem Thema der Gegenüberstellung von Frommen und Frevlern berühren sich die Psalmen und die spätere Weisheit. Der 37. Psalm ist als ganzer Lehre eines Weisen, der davor warnt, sich über die Frevler zu ereifern (V 1 f. 7b—8; vgl. 49, 17) und zum Vertrauen auf Gott mahnt (V 3. 5. 7. 34. 37.), der doch schließlich die Frevler strafen und den Frommen Heil schenken wird. Auch dieser ganze Psalm könnte unverändert ein Kapitel des Spruchbuches bilden, er ist ganz in die Weisheitsrede eingegangen. Wenn er in den Psalter aufgenommen wurde, so zeigt das wieder den fließenden Übergang von den Psalmen zur Weisheit in später Zeit, als es diese Art erbauender, frommer Dichtung gab, in der sich die von der Wurzel her ganz verschiedenen Gebete des Psalters mit der Weisheit trafen. Doch im Unterschied zu der vorigen Gruppe (Ps 127 und 133) ist in Ps 37 die Nähe zu einer bestimmten Psalmengattung, den Klagen des Einzelnen, zu erkennen. Ganz fern spürt man noch hinter der Kühle der Mahnungen an den Frommen die verborgene Glut des Flehens, wie wir sie in den Feindklagen dieser Gattung trafen. Wenn der Weise mahnt: »Erhitze dich nicht über den, dem alles wohlgerät« (V 7 f.), so meint diese Mahnung das flehende Fragen: Wie kannst du, Gott, so etwas zulassen? Die Schilderung der Frevler in diesem Psalm ist der in den KE ganz gleich, und wie in den erweiterten Klagepsalmen wird vom endlichen Schicksal des Gottlosen und dem gegenüber des Frommen gesprochen (V 17–20). So ist es verständlich, daß Psalmen und Weisheit sich an diesem Punkt berühren.

Eben diese Gegenüberstellung von Frommen und Frevlern hat eine besondere Psalmengruppe hervorgebracht: Ps 1; 112; 128; und dasselbe zeigt sich außerdem in einer ganzen Reihe von Einzelstellen. Ps 1 ist dem Psalter als ein Prolog vorangesetzt worden, der das eben beschriebene späte Verständnis des Psalters als eines Buches frommer Erbauung voraussetzt. Er stellt die beiden Wege des Frommen und des Gottlosen einander gegenüber (V 6), preist den Frommen glücklich (V 1–3) im Gegensatz zum Frevler (V 4 f.). Der Gegensatz wird in ein Bild gefaßt, das nicht nur für die Spätzeit, in der der 1. Psalm dem Psalter angefügt wurde, sondern für die Bibel im ganzen gültig ist, um zu zeigen, was ein Mensch mit Gott und ein Mensch ohne Gott ist: ein Baum, gepflanzt an Wasserbächen – wie die Spreu, die der Wind zerstreut.

Dem 1. Psalm steht der 112. nahe, fast wörtlich gleich ist auch Jer 17, 5–8. Die Gegenüberstellung der zwei Wege ist ein häufiges Motiv im Spätjudentum; eine nahe Parallele zu Ps 1 ist Ps Sal 14.

Das Glücklichpreisen des Frommen begegnet noch mehrfach in anderen Psalmen (41, 2 f.; 84, 13; 119, 1 f.); es wächst ganz unmittelbar aus dem Lob des Geretteten in Ps 34, 9 und 40, 5: »Wohl dem Mann, der sein Vertrauen auf den Herrn setzt!«

Nicht immer war das Gegenüberstellen von Frommen und Frevlern so abgeklärt wie in der eben genannten Gruppe von Psalmen. Die Anfechtungen, die das Glück des Frevlers den Frommen bereitete und die selbst hinter der weisen Mahnung von Ps 37 sich nicht ganz verbergen konnten, spiegeln sich in vielen Psalmen, die ihrer Gattung nach Klagepsalmen sind, aber den Übergang von der Klage zur Reflexion und damit zur Weisheitsrede darstellen. Typisch dafür ist der 49. Psalm. Er ist (V 2–5) genau wie die Weisheitsgedichte mit einer ausführlichen Aufforderung zum Hören eingeleitet, und darin ist das Folgende ausdrücklich als Weisheitsrede bezeichnet: »Mein Mund soll Weisheit reden«. Aber nun setzt, fast abrupt, die Frage ein, um die es gehen soll: »Warum muß ich mit ansehen die Tage des Bösen?« Die Frage nach dem Glück der Gottlosen wird mit dem Hinweis auf ihr Todesschicksal (V 8–12. 14 f.) beantwortet. Dem stellt der am Anfang Fragende die Gewißheit entgegen: »Aber Gott wird meine Seele erlösen aus der Gewalt der Unterwelt« (V 16), und in diesem »aber« zeigt dieser sich selbst als Weisheitswort bezeichnende Psalm seine Herkunft aus der Klage mit ihrem »aber«, das die Wendung aus der Klage in die Gewißheit der Erhörung darstellt.

Das Element der Reflexion zeigt sich außer in den Mahnungen (49, 17; 94, 8–13) besonders im Hinweis auf die Vergänglichkeit des Menschen, der von der Klage zur Betrachtung führt. In Ps 39, der ebenfalls von der Anfechtung durch die Gottlosen ausgeht (V 2–4), tritt er besonders hervor (V 5–7. 12):

Ein Hauch nur ist alles, was Mensch heißt;
nur wie ein Schatten geht der Mensch einher,
Macht Lärm um ein Nichts,
häuft zusammen und weiß nicht, wer einsammeln wird.

Großartig weitergeführt ist dieses Motiv in Hiob 7 und 9 f. Der *73. Psalm* geht von derselben Frage aus wie Ps 49 und 39: »Ich sah, wie es den Gottlosen so gut ging«. Sie ist in V 4–12 so lebhaft entfaltet, daß man die Schwere dieser Anfechtung versteht. Der Beter gibt zu, daß er angesichts des Glückes der Gottlosen fast zu Fall gekommen wäre (V 2), und beschreibt in seiner Klage in klassischer Weise, was wir Anfechtung nennen. Es ist nicht, wie sonst in den Klagepsalmen, das direkte Bedrohtsein oder Bedrängtsein von den Frevlern (wie z. B. Ps 22), es ist auch nicht einmal das Leiden, das er durchzumachen hat als solches (die Ich-Klage), es ist vielmehr das Angefochtensein von der Existenz der Gottlosen in ihrem Glück gegenüber dem ohnmächtigen, sinnlosen Leiden der Frommen, das den Beter fast zur Verneinung Gottes gebracht hätte.

Dann aber kommt die Wendung: »Bis ich zum Heiligtum Gottes kam ... « (V 17). Hier zeigt es sich, daß Ps 73 trotz aller Reflexion ein wirklicher Psalm ist, der seine Wurzel im Gottesdienst hat. Aber an die Stelle des Heilsorakels, das zu empfangen die Flehenden mit ihren Nöten in das Heiligtum kamen, ist es in diesem Psalm das Erfassen, Erkennen, Begreifen des bis dahin verborgenen Handelns Gottes: Der Beter erkennt, daß die Frevler dem Vergehen und der Nichtigkeit ausgeliefert sind (V 17—20), daß er selbst aber Gottes völlig gewiß sein kann, sogar angesichts des Todes (V 23—26). Die abschließende Gegenüberstellung des Geschickes der Frevler und der Frommen (V 28) schließt den Kreis zu V 1:

Lauter Güte ist Gott gegen den Frommen ...

Auch andere Psalmengattungen lassen Übergänge zur Weisheitsrede erkennen. Bei den Lobpsalmen des Einzelnen ist er ganz deutlich. In *Psalm 34* ruft der Gerettete die Zuhörenden auf, Gott mit ihm zu loben (V 4). Daran fügt er — ganz im Stil der Weisheit — eine Mahnung zum Vertrauen (V 6), die in V 9—11 fortgeführt wird zu einer Verheißung für die Frommen. In den Versen 12—15 ist dieselbe Aufforderung zum Zuhören, wie wir sie in 49, 2 ff. fanden (ähnlich auch 51, 15):

Kommt her, ihr Kinder, höret mir zu:
Die Furcht des Herrn will ich euch lehren!

Daran schließt sich eine Mahnung zur Frömmigkeit. Das Gotteslob, mit dem der Psalm schließt (V 16—23), ist verwoben mit der Gegenüberstellung des Geschickes der Frommen und der Frevler. — Ganz ähnlich schließt Ps 92 (V 10—16), wobei die Schilderung des Frommen an Ps 1 erinnert. Auch der Anfang dieses Psalms zeigt Berührungen mit der Weisheitsrede.

Von den beschreibenden Lobpsalmen wird gewöhnlich Ps 111 zu den Weisheitspsalmen gerechnet. Er ist aber überwiegend ein reiner Lobpsalm, in dem die beiden Hauptteile: Lob der Majestät (V 2 f. 9 c. 10 c) und der Güte Gottes (V 4—9 b), klar zu erkennen sind. Nur am Schluß ist dem Psalm ein Weisheitsspruch angefügt, derselbe, den wir Spr. 1, 7 finden. Ganz ähnlich steht am Schluß des 107. Psalms eine Mahnung an den Weisen, das Gesagte zu beachten.

Der 139. Psalm ist von den Lobpsalmen des Psalters am stärksten reflektiert, aber er ist doch auch mit diesen Reflexionen noch ganz Gotteslob. In der nachkanonischen Geschichte des Lobpsalms dagegen tritt die Weisheitsrede und das lehrhafte Reden immer stärker hervor, wie es Jes Sir 39; 42; Ps Sal 3 zeigen.

Psalm 119

Zu den Weisheitspsalmen wird vielfach auch der 119. Psalm gerechnet. Er enthält aber nicht eigentlich Weisheitsrede, sondern ist ein großer Preis des Gotteswortes, des Gesetzes Gottes, wie es meist in diesem Psalm genannt wird. Es war schon gesagt, daß dieser Psalm fromme Dichtung ist, nicht mehr ein Psalm im eigentlichen Sinn; er ist zur Erbauung — im guten Sinn des Wortes — gedichtet. Fast alle Arten und Formen von Psalmen begegnen in ihm, aber sie sind in einer Weise aneinandergefügt, die von der lebendigen, organischen Ganzheit der eigentlichen Psalmen weit entfernt ist. Je acht Zeilen beginnen im Urtext mit dem gleichen Buchstaben, und so geht es durch das ganze Alphabet.

Man kann diesen Psalm — wenn man es fertigbekommt, seine 176 Verse hintereinander zu lesen — nur mit Erschütterung vernehmen. Er wirkt in seinem Umfang wie ein massiger Bergrücken, und man spürt, daß er die Grenze zwischen der Welt der Psalmen und einer anderen Welt der Gesetzesfrömmigkeit darstellt. Die Echtheit des ihn tragenden Motivs ist nicht zu bezweifeln: Hier bezeugt ein Mensch, daß ihm die Worte Gottes — wie er sie auch verstehen mag — Fundament und Inhalt seines Lebens geworden sind. Eigentliches Existieren, sinnvolles Leben gibt es für ihn nur im hingegebenen Hören auf diese Worte:

Zeige mir, Herr, den Weg deiner Satzungen
und ich will ihn bis ans Ende einhalten (V 33).

Dieser Mann weiß, daß er sich in der Welt, in seinem Leben, in den ihm begegnenden Problemen wirklich nicht zurechtfinden kann ohne diese Worte:

Dein Wort ist meines Fußes Leuchte
und ein Licht auf meinem Wege (V 105).

Aber man spürt, daß das »Gesetz« hier schon eine eigentümlich selbständige Größe geworden ist, die manchmal fast an die Stelle Gottes tritt:

Wo dein Gesetz nicht mein Trost gewesen wäre,
so wäre ich vergangen in meinem Elend (V 92).

Noch stärker in V 48: »Ich erhebe meine Hände zu deinen Geboten . . .«, und V 50. Hier bahnt sich eine tiefgreifende Wandlung an: Wort Gottes ist jetzt nicht mehr das einen Menschen unmittelbar von Gott treffende tröstende, weisende, richtende oder warnende Wort, sondern eine vorhandene Größe, das geschriebene und schriftlich tradierte Gotteswort, in dessen Mitte das Gesetz steht. Im 119. Psalm kündigt diese Gesetzesreligion sich erst von ferne an; noch ist dem Beter dieses Psalms das Wort Gottes eine lebendige Größe, wie sich das besonders an den Worten ergriffenen Staunens zeigt, das stillsteht vor den tiefen, unergründlichen Geheimnissen dieses Wortes:

Öffne mir die Augen,
daß ich sehe die Wunder an deinem Gesetz! (V 18).

Schluß: der 90. Psalm

An den Anfang hatten wir den 103. Psalm gestellt, ein Lob der Güte Gottes. Mitten im 90. Psalm steht der Vers:

Das macht dein Zorn, daß wir so vergehen,
und dein Grimm, daß wir so plötzlich dahinmüssen (V 7).

Der 90. Psalm gehört gattungsmäßig zu den Klagen des Volkes, aber von der Struktur dieser Psalmen ist nichts geblieben außer der Bitte:

Herr, kehre dich doch wieder zu uns
und sei deinen Knechten gnädig!
Erfreue uns nun wieder, nachdem du uns so lange plagtest,
nachdem wir so lange Unglück leiden!

Wir erkennen darin die beiden Glieder der Bitte wieder und auch noch Spuren der Klage. Aber erst in diesen letzten Versen des Psalms wird deutlich, daß der Psalm eigentlich eine Klage bzw. Bitte des Volkes ist. Der ganze mittlere Teil, V 3—12, ist die Entfaltung eines Motivs, das eigentlich gar nicht zu dieser Gattung gehört und das wir sonst nur als Erweiterung im KE finden (besonders Ps 39 und 49), der Hinweis auch im 103. Psalm (V 14—16), und zwar dort ganz ähnlich wie im 90. Psalm im Kontrast zu Gottes Ewigkeit.

Wenn ein Volksklagepsalm so stark bestimmt sein kann von der Predigt der Vergänglichkeit und wenn hinter dieser Hinfälligkeit des menschlichen Lebens so rückhaltlos das Walten des Zornes Gottes anerkannt wird, so hören wir in diesem 90. Psalm die Stimme einer späten Zeit, für die der Zorn Gottes eine lastende, dunkle Realität geworden ist. v. Rad hat diesen Psalm mit Recht in die Nähe des Predigers Salomo gestellt und darauf aufmerksam gemacht, wie in diesem Psalm die Heilsgeschichte fast ganz zum Schweigen gekommen ist, die sonst in den Volksklagen doch im Rückblick mehr oder weniger dazugehörte. Die Weisheit Israels ist in einem ihrer Zweige auf dem Hintergrund derselben Erfahrung in die äußerste Nähe der Skepsis geraten. Die Last einer jahrhundertelangen Geschichte, in der Gott seinem Volk scheinbar nicht mehr half, war zu schwer. Es war nichts mehr von Gottes Güte zu sehen, und so flehen sie zu Gott:

Zeige deinen Knechten deine Werke
und deine Ehre ihren Kindern! (V 16).

Um so gewichtiger wird dann aber der erste Satz dieses Psalms:

Herr, du wardst uns Zuflucht
von Geschlecht zu Geschlecht! (V 2).

Dieser eine Satz am Anfang erinnert wenigstens noch daran, daß Gott von Geschlecht zu Geschlecht seinem Volk zur Zuflucht wurde (ganz ähnlich Ps 22, 4–6!). Und nur von diesem Psalmeingang her ist der ganze 90. Psalm wirklich zu verstehen. Auch wenn das späte Geschlecht, das seiner Wirklichkeitserfahrung in diesem Psalm Ausdruck gibt, weit, weit fort ist von den einstigen Heilstaten Gottes an seinem Volk, auch wenn es rückhaltlos vor seinem Gott die eigene Wirklichkeit als eine von der Vergänglichkeit gezeichnete sehen muß –

Das macht dein Zorn, daß wir so vergehen ... (V 7) –:

daß diese Sicht der Wirklichkeit überhaupt noch vor Gott gebracht wird, *daß* Menschen, die von Gottes Werken und von seiner Ehre in ihrer Welt nichts mehr merken können, nun dennoch zu diesem ihnen verborgenen, zornigen Gott flehen, das beruht *allein* auf der Tatsache, daß auch diese Menschen noch in der Kette einer Tradition stehen, in der »von Geschlecht zu Geschlecht« erzählt wurde, daß man sich auf Gott verlassen kann.

Wäre in diesem Psalm nur dem *Gedanken* der menschlichen Vergänglichkeit der *Gedanke* der Ewigkeit Gottes entgegengestellt, so gehörten auch diese Gedanken zu dem Gras, das doch bald welk wird. Es handelt sich aber in diesem 90. Psalm um das *Faktum,* daß Menschen in äußerst nüchterner, an Skepsis grenzender Erkenntnis der Vergänglichkeit menschlichen Wesens in den Fakten ihrer eigenen Geschichte den Gott, der in seinem Zorn und in seinem Grimm hinter diesen Realitäten steht, anflehen: »Kehre dich doch wieder zu uns!« Dieses Wagnis des Flehens zu dem zornigen Gott aber gründet auf dem trotz allem intakt gebliebenen Zusammenhang dieser späten Generation mit den Vätern und ihrem Gotteslob.

So ist dieser 90. Psalm mit seinem Ja zu Gott an der äußersten Grenze, in äußerster Verhaltenheit wohl sehr weit entfernt von dem überschwenglichen Lob der Güte Gottes im 103. Psalm, aber beide Töne miteinander machen erst den echten Klang des Psalters aus. Der 90. Psalm mit seinem Flehen um eine Wendung am Rand der Todesstarre streckt sich in diesem Flehen aus nach einer Tat Gottes, die seine Werke und seine Ehre endlich, endlich wieder sichtbar mache. Es ist eines der Worte am Rande des Alten Testaments, das nach einem ganz Neuen ruft.

In dem Gegenüber des 103. und des 90. Psalms sollte abschließend noch einmal deutlich werden, was am Anfang als für die Psalmen charakteristisch herausgestellt wurde: die Polarität von Klage und Lob, die der Polarität des Zornes und der Barmherzigkeit Gottes entspricht. Das Rufen zu Gott in den Psalmen lebt davon, daß der Gott, der hoch in der Höhe thront, tief in die Tiefe sieht:

Herr Gott, du bist unsere Zuflucht für und für.
Ehe denn die Berge wurden
und die Erde und die Welt geschaffen wurden,
bist du, Gott, von Ewigkeit zu Ewigkeit (V 1 f.).
Du Gott!

Die Psalmen und Christus

An drei Stellen zeigen die Psalmen eindeutig auf das, was in Christus geschehen ist. Sie zeigen darauf nicht in der Weise der »Weissagung« im früheren Verständnis des Wortes; solche Weissagungen im Sinn von Voraussagen, die spätere Generationen in einzelnen, aus ihrem Zusammenhang gelösten Sätzen des Alten Testaments fanden, können die eigentliche Beziehung der Bibel Alten Testaments zur Bibel Neuen Testaments nicht begründen. Das Christusgeschehen ist tiefer und umfassender im Alten Testament verankert.

1. Wir fanden als die Mitte des beschreibenden Lobs den Satz im 113. Psalm:

Wer ist wie der Herr, unser Gott,
im Himmel und auf Erden,
der hoch in der Höhe thront,
der tief in die Tiefe sieht!

In ihm ist, wie wir sagten, das bekennende Lob in eine Beschreibung, in eine Aussage umgesetzt: Das ist der Gott, den die Beter der Psalmen, die Einzelnen und das Volk, in ihrer Not anflehten und der ihnen half; das ist der Gott, den das Bekenntnis der Befreiten, der Einzelnen wie des Volkes, lobt. Dieser selbe Satz aber zeigt unmittelbar hinüber auf Christus, auf Gottes Tat in der Sendung seines Sohnes. Das Hinabsehen Gottes von seiner Höhe in unsere Tiefe wurde zum endgültigen Ereignis in dem Herabkommen seines Sohnes. In ihm wurde das erbarmende Wort des Vaters Gestalt; »er erniedrigte sich selbst und nahm Knechtsgestalt an . . .«. Was in der christlichen Dogmatik Kondeszendenz heißt und was in den Liedern des Festes der Geburt Christi der Grundton ist: »Damit der Sünder Gnad erhält, erniedrigst du dich, Herr der Welt», das ist im echten, vollen Sinn Erfüllung des beschreibenden Gotteslobes Israels in seiner Mitte. Es ist darum durchaus nicht zufällig, wenn in der Vorgeschichte des Lukasevangeliums dieses Psalmmotiv unmittelbar in das Neue Testament hinüberreicht: in den Liedern der Maria Luk 1, 46–55 und des Zacharias Luk 1, 67–79:

... durch die herzliche Barmherzigkeit unseres Gottes,
durch welche uns besucht hat der Aufgang aus der Höhe,
auf daß er erscheine denen,
die da sitzen in Finsternis und Schatten des Todes.

2. »Die da sitzen in Finsternis und Schatten des Todes«, sind die, deren Klagen einen großen Teil des Psalters ausmachen. Wenn das Hinabsehen Gottes aus seiner Höhe in unsere Tiefe in Christus Gestalt wurde, so bedeutet sein Hinabkommen »in unser armes Fleisch und Blut« auch, daß er ein Leidender wurde und daß sein Leiden in Klagen zu Worte kam. Das Neue Testament bringt dies besonders durch die Aufnahme des 22. Psalms in die Leidensgeschichte zum Ausdruck. Die häufigen Zitate aus diesem Psalm in der Passionsgeschichte zeigen, daß die Urgemeinde hier einen Zusammenhang sah. Vor allem Mark 15, 34, der Schrei Jesu vom Kreuz in den ersten Worten des 22. Psalms, zeigt, wie die Urgemeinde diesen Zusammenhang sah, wie sie ihn meinte: Christus hat die Klage des 22. Psalms zu seiner eigenen gemacht. Wie muß Jesus Christus selbst, wie muß die erste Gemeinde im Psalter gelebt haben, daß gerade dieser 22. Psalm zum Psalm der Leidensgeschichte wurde! In diesem Psalm sind die Tiefe der Anfechtung des Klagenden und das Wunder der Wendung seines Leids zu einem einzigartigen Ausdruck gekommen. Indem Christus diese letzte Anfechtung der Gottverlassenheit auf sich nahm, ist er bis in diese Tiefe menschlichen Alleinseins hinuntergestiegen, hat er bis da hinunter unser Leid zu seinem Leid gemacht. Die verzweifelten Fragen der Leidenden unserer Erde: Warum? Wie lange? kennt der, in dem Gottes Güte Mensch geworden ist; sie sind ihm nicht fremd. Er hat unser Leid bis in seine äußersten Möglichkeiten in sein Leiden hineingenommen. — Der 22. Psalm aber ist in die Leidensgeschichte aufgenommen als Exponent der Klagepsalmen überhaupt; sie alle kommen im Leiden und Sterben Jesu Christi zu ihrem Ziel. Wie sich die Klage selbst dabei ändert, war schon in dem Abschnitt über die Feinde in den Klagepsalmen gezeigt worden: die Feindklage braucht nicht mehr zur gegen diese Feinde gerichteten Bitte zu führen; an deren Stelle tritt, wie es die Leidensgeschichte zeigt, das Eintreten für die Feinde.

3. Wenn aber der 22. Psalm in die Leidensgeschichte hineingenommen worden ist, so muß das für den ganzen 22. Psalm gelten; der 22.

Psalm als ganzer ist eine gewendete Klage, sein zweiter Teil (von V 23 ab) ist das schon vorausgenommene Lob des Geretteten. Wie hier gesagt werden kann:

Denn er hat nicht verachtet,
nicht verworfen das Elend des Elenden,
hat nicht verborgen sein Antlitz vor ihm,
und auf sein Seufzen zu ihm hat er gehört!

so ist die Verkündigung der ersten Boten der Auferstehung voll davon, daß Gott auf den Schrei vom Kreuz geantwortet hat. Die Osterbotschaft ist berichtendes Lob. Es ist möglich, daß in der Ostergeschichte des Matthäus der Satz: »Gehet hin, verkündigt meinen Brüdern . . .« (Matth 28, 10) an den Anfang des zweiten Teils von Ps 22 anklingt: »Verkünden will ich deinen Namen meinen Brüdern.« Aber es ist unwichtig, ob dies ein Zitat aus Ps 22 sein soll oder nicht. Wesentlich ist, daß der Satz in der Mitte der Auferstehungsbotschaft: ». . . den hat Gott auferweckt . . .«, die Struktur des berichtenden Lobes hat: »Gott hat getan«; und die Beispiele der ersten Apostelpredigten zeigen, wie diese endgültige Gottestat am Ende der Reihe der großen Taten Gottes gesehen wird, die im Alten Testament das Lob der Befreiten erweckten. In diesem Zusammenhang kann man dann auch den durchgehenden Zug in den Lobpsalmen des Einzelnen sehen, daß die dort Gott Lobenden ihre Rettung als ein Herausreißen aus dem Tode verstanden, und ebenso die Sätze der Zuversicht in Ps 16; 73 u. a., die schon die Gewißheit aussprechen: »Denn du gibst mein Leben nicht dem Tode preis . . .« (16, 10a). — Die Apostel als Boten der Auferstehung Christi stehen in der Reihe der Zeugen der Taten Gottes, die in den Psalmen vor den anderen, vor der großen Gemeinde erzählen müssen, was Gott an ihnen getan hat. Der Ruf zum Lob, der seinen Ursprung im Bezeugen der Taten Gottes hat, wird jetzt, da die Zeit erfüllt ist, der Ruf zur Nachfolge Christi, und wie in den Psalmen Völker und Könige zum Lob des Gottes Israels gerufen wurden, so setzt er sich jetzt um in die Botschaft der Boten Christi, die den Ruf zu Christus weiter und weiter tragen, bis an die Enden der Erde:

Vom Aufgang der Sonne bis zu ihrem Niedergang
sei gelobt der Name des Herrn! (Ps 113, 3).

LITERATUR ZU DEN PSALMEN

Kommentare: Gunkel (4. Aufl. 1926), Kittel (6. Aufl. 1929), Weiser (2. Aufl. 1955), Kraus (1960).

Sonstige wichtige Literatur: S. Mowinckel, Psalmenstudien I—VI, 1921—1924; Gunkel und Begrich, Einleitung in die Psalmen, 1933; die betr. Abschnitte in den Einleitungen in das Alte Testament; die neueste von Eissfeldt, 2. Aufl. 1956, mit einer Zusammenstellung der neueren Psalmenliteratur; eine Besprechung der neueren Literatur J. J. Stamm: Ein Vierteljahrhundert Psalmenforschung, in der Theol. Rundschau 1955, S. 1—68; eine kurze Zusammenstellung C. Westermann, Artikel Psalmen im Evang. Kirchenlexikon, Bd. III, Sp. 375 ff; K. Galling, Artikel Psalmen in RGG³, Bd. V Sp. 672 ff; hier weitere Literatur.

Für Durchsicht und Korrektur des Neudruckes danke ich meinem Assistenten Herrn Dr. J. Kühlewein.

HELMUT LAMPARTER

Das Buch der Psalmen I

Psalm 1—71 (Botschaft des AT Band 14) 352 Seiten, Leinen

Das Buch der Psalmen II

Psalm 72—150 (Botschaft des AT Band 15) 400 Seiten, Leinen

Eine gründliche evangelische Auslegung der Psalmen haben wir in diesen beiden Bänden vorliegen. Hier haben wir eine für jeden Leser verständliche, doch tiefgehende Exegese der Psalmen. Sehr erfreulich ist es, daß der Verfasser in diesen beiden Bänden einfach von Psalm zu Psalm in der Reihenfolge der Bibel fortschreitet. Ohne die literarkritischen Probleme beiseitezuschieben, ist es das Anliegen, „den Verkündigungsgehalt des einzelnen Psalms herauszuarbeiten, die dunklen Stellen nach Möglichkeit aufzuhellen, in das Gefüge des Psalms, seinen Aufbau und Gedankengang einzudringen und dabei jedem Psalm seine besondere Botschaft, sein eigenes Leben zu belassen". Beim Durchgehen stoßen wir darauf, daß die Übersetzung von besonderer Schönheit ist. Hier ist nicht nur vom Luther-Psalm her die Dichtigkeit der Sprache erfaßt, sondern auch von den neueren Übersetzungen her (Zürcher Bibel, A. Weiser und R. Guardini) das Wissen um Sprache und Rhythmus vertieft worden. Über allem steht darum auch das Anliegen des Gebetes, denn nach einem Wort von D. Bonhoeffer ist der Psalter beides: ist Gottes Wort und ist Gebet zu Gott. — Ein Dreifaches sucht die Auslegung zu bedenken: „1. Sie hat die Psalmen in erster Linie nach ihrem Offenbarungszeugnis zu befragen und kann sich nicht mit einer ästhetischen Würdigung zufriedengeben. 2. Sie muß die gottesdienstliche Funktion der Psalmen und die liturgische Prägung dieses Stils bedenken und darf sie nicht mit psychologischen Maßstäben begreifen wollen. 3. Sie wird die Verbindungslinie zwischen dem Psalter und dem Gesamtzeugnis des alttestamentlichen Offenbarungswortes, wie es durch Gesetz und Propheten gegeben ist, aufzeigen und den einzelnen Psalm nicht isoliert betrachten dürfen." So wird die Auslegung auch durchgeführt, und so schließt sie den Psalter auf, daß er durchsichtig wird bis hin zu seiner geheimen Mitte, Christus. Lamparter schließt seine Auslegung mit einer „Nachlese", bei der es am Ende heißt: „Wer betend zu dem Psalter seine Zuflucht nimmt, der fügt sich als Glied in eine große, Jahrtausende umspannende Kette von Betern ein. Er betet mit dem Volke Gottes in einer Sprache, die über die Grenzen der Kirchen und Konfessionen hinweg auch heute alle, die das Antlitz des Herrn suchen (Psalm 27, 8), umschließt und verbindet." Diesen Satz können wir nur unterstreichen und einander mahnen: Betet, Brüder! Betet untereinander in Psalmen!

Sammlung – Dienst – Sendung, Zürich